Bert Voorhoeve

Un-Ruhestand

Bert Voorhoeve

Un-Ruhestand

Neue Chancen für das Leben ab 55

Verlag Urachhaus

Übersetzung aus dem Niederländischen
von Agnes Dom-Lauwers

Die niederländische Originalausgabe erschien 1994
unter dem Titel *Zicht op een nieuwe levensfase*
bei Uitgeverij Christofoor, Zeist

ISBN 3-8251-7064-0

Erschienen 1999 im Verlag Urachhaus

Illustrationen: Marjan van Zeyl-Beuker
Umschlagbild: Mauritius – AGE
Umschlagtypographie: Anette Stickel
Druck: Offizin Chr. Scheufele, Stuttgart

Freiheit ist die Kunst, aus einem Endpunkt einen neuen Anfang zu machen.

Lili Chavannes-Fortuyn

Je älter ich selbst werde, umso mehr stelle ich fest, dass nicht nur die Kindheit und das Alter zusammengehören, sondern dass uns auch in diesen zwei Lebensphasen die tiefsten Erfahrungen geschenkt werden.

Marguerite Yourcenar

Inhalt

Vorwort

Während eines Seminars für Menschen im Rentenalter haben wir über den Abschied vom Berufsleben gesprochen, über das Älterwerden und die ständige Bereitschaft, Vergangenes loszulassen. Ein Teilnehmer erzählte, dass er bei seinem Abschiedsfest den Gästen »Muisjes« (Zwieback mit süßem Anis) serviert hatte, wie es in den Niederlanden bei der Geburt eines Kindes Brauch ist. Es sollte auch für ihn ein Symbol für die Geburt der neuen Lebensphase sein. Von unserer Geburt an müssen wir immer wieder Altes loslassen, um neue Entwicklungen zu ermöglichen. So nehmen wir nacheinander Abschied von Kindheit, Jugend, Elternhaus, Arbeitsplatz und Gesundheit.

Bei den Worten Geburt und Tod denken wir meistens an die leibliche Geburt und den leiblichen Tod. Aber Geburt und Tod begleiten uns ein Leben lang, sie machen die menschliche Entwicklung überhaupt erst möglich. Während der ersten Lebenshälfte löst jedes Abschiednehmen einen neuen Entwicklungsschritt aus. So ist das Verlassen der Jugendzeit und das Sich-Lösen von den Eltern eine Grundvoraussetzung für Neues, zum Beispiel um selbständig zu wohnen, ein Studium anzufangen, eine Stelle zu finden, zu heiraten, eine Familie zu gründen oder Karriere zu machen.

Nach dem vierzigsten Lebensjahr fällt es uns nicht mehr so leicht, in jedem Verlust gleichzeitig den Anfang einer neuen Entwicklung zu sehen. Das Älterwerden zu akzeptieren wird zusätzlich durch die heutige Tendenz erschwert, immer größeren Wert auf Jugend, Gesundheit, Vitalität, schnelles Arbeitstempo, Produktivität, Leistung und den Besitz eines schönen, vollkommenen Körpers zu legen.

Indem solche Lebensziele betont werden, wird es zunehmend schwieriger, dem Älterwerden eine positive Seite abzugewinnen. Zu guter Letzt bedeutet es nur noch: Abschied von einem schönen Körper, Abnahme des Reaktionsvermögens, der Energie und Vitalität sowie Beeinträchtigung der Gesundheit, Produktivität und Leistungsfähigkeit. Das Älterwerden wird zu etwas, gegen das man sich zu Wehr setzen muss, zu einem Bild des Schreckens, das noch durch die gängigen Vorurteile älteren Menschen gegenüber verstärkt wird, die häufig als starr, altmodisch und überflüssig gelten. Dem älteren Menschen bleibt nichts anderes übrig, als zu versuchen, den Verlust der Lebensqualitäten der ersten Lebenshälfte hinauszuschieben und ihn zumindest möglichst lange zu vertuschen.

Der erwähnte Seminarteilnehmer, der bei seinem Abschied vom Berufsleben die Gäste wie bei einem Geburtsfest bewirtete, durchbrach diese weit verbreitete Einstellung mit einer symbolischen Handlung. Durch solch eine Geste des Beginns gab er zu verstehen, dass sich neue Möglichkeiten nicht nur während der Jugendzeit auftun können, sondern auch im Alter.

Die Sprache der Symbole und Bilder kann uns helfen, den eigenen Lebenslauf und das Älterwerden auf eine neue Weise zu betrachten. In allen Kulturen waren Bilder und Symbole Ausdrucksmittel religiöser, emotionaler und existenzieller Erfahrungen, wie sie uns im Tanz, in Märchen, Mythen, in der Dichtung, in religiösen Schriften und in den Werken der bildenden Kunst entgegentreten. Diese Bilderwelt bedeutet eine Inspirationsquelle für das tägliche Leben. Bilder schenken uns Mut und Hoffnung, weil wir sie als »Leitbilder« auf dem eigenen Lebensweg betrachten.

In unserer Zeit werden sich immer mehr Menschen wieder der Leben spendenden Kraft dieser Bildersprache bewusst und machen sich auf die Suche nach ihr, da sie spüren, dass Bilder ihnen helfen, sich innerer Erlebnisse und Fragen wie Verlust, Trennung, Krankheit, Sterben oder Trauer, aber auch Erwerbsunfähigkeit und Arbeitslosigkeit bewusst zu werden oder sie zu verarbeiten. Der Umgang mit Bildern macht den Menschen innerlich beweglich und befreit ihn von einem einseitigen intellektuellen Denken, weil Bilder unmittelbar zum Herzen sprechen. Sie helfen ihm, einschneidende Lebenserfahrungen in einem neuen Licht zu sehen und sie in inneren Reichtum und Lebensweisheit umzuwandeln.

Ein wichtiges Anliegen ist es mir, darzustellen, wie die Sprache der Bilder in der Natur, in Märchen und in der Literatur, in Kunst und Lebensberichten anregen kann, verkrustete Anschauungen über das Älterwerden und das Leben ohne Berufsarbeit aufzuweichen. Wir werden sehen, dass das Leben ohne Berufstätigkeit genauso sinnvoll sein kann wie das Leben im Beruf. Wir werden erfahren, wie das körperliche Altern mit einer zunehmenden inneren Jugendlichkeit einhergehen kann und wie die äußeren Qualitäten der Jugend in innere Qualitäten umgewandelt werden können, so dass Lebensführung und Älterwerden zur Lebenskunst werden.

Ich wende mich hauptsächlich an Menschen, die das 50. Lebensjahr bereits überschritten haben und die nach Kündigung, Erwerbsunfähigkeit oder Frühpensionierung gezwungen sind, ihrem Leben einen neuen Sinn zu geben. Wir werden die Veränderungen betrachten, die auftreten, wenn man in diesen Lebensabschnitt ohne Berufstätigkeit eintritt. Es ist zu hoffen, dass die Gesichtspunkte und Erfahrungen, die wir hier erörtern, beim Leser bisher ungeahnte Perspektiven eröffnen. Mit dem Ruhestand schließt sich hinter uns eine Tür. Wenn wir aber nur diese verschlossene Tür im Blick haben, übersehen wir die vielen neuen Türen, die sich öffnen können. Der Leser sollte angeregt und ermutigt werden, viele unbekannte Türen zu entdekken und zu öffnen, die eigene Initiative in Schwung zu bringen.

Dieses Buch ist das Ergebnis zahlreicher Seminare zur Vorbereitung auf Älterwerden und Ruhestand. Viele Gespräche wurden mit Menschen geführt, die sich vor die Aufgabe gestellt sahen, Altes loszulassen, um so Neues in ihrem Leben möglich zu machen. Wir schauten zurück, vor allem aber nach vorn. So konnten sich die Teilnehmer mit der kommenden Lebensphase vertraut machen. Der Austausch von Erfahrungen, von Freude und Schmerz, Lebensweisheit und Humor schuf ein Klima, in dem die Teilnehmer vieles voneinander lernten und in sich ungeahnte Möglichkeiten entdeckten. Bei dieser Methode ist der Mensch mit Kopf und Herz am »Lernstoff« beteiligt, weil dieser aus den eigenen Fragen und Lebenserfahrungen besteht.

Zwei Teilnehmer gaben ihre Erfahrungen mit der Pensionierung in einem Bild wieder:

»Als Pensionierter muss man den Kurs seines Lebensschiffes aufs Neue bestimmen und dann versuchen, Wind in die Segel zu bekommen und das Schiff in Fahrt zu halten. Es geht darum, Kapitän auf dem eigenen Schiff zu bleiben. Das Meer liegt offen vor einem. Man muss selbst das Ruder ergreifen, so dass man nicht der Unbill des Meeres ausgeliefert ist, als da sind Wind, Strömungen, Klippen, Sandbänke und Nebel.«

»Mein Mann und ich haben an unserem Leben gebaut wie an einem Haus. Unsere Erfahrungen, Anstrengungen, Erfolge und Rückschläge, Freude und Verdruss sind die Bausteine dieses Hauses. Wir werden weiter bauen und, wenn nötig, den Mut haben zur Veränderung. Am Beginn dieses neuen Lebensabschnittes werden wir uns zunächst in aller Ruhe in diesem Haus umsehen. Was ist noch brauchbar, was muss erneuert werden und was kann ausgemustert werden? Braucht unser Lebenshaus vielleicht größere Fenster, so dass mehr Licht hereinkommt und auch unsere Aussicht, die versperrt zu werden droht, wieder frei wird? Wer sich auf diese Weise in seinem Lebenshaus umsieht, wird neue Entdeckungen machen, die für die kommende Zeit wichtig sind.«

Hoffentlich können die folgenden Anregungen dem Leser bei der Neuorientierung seines Lebens eine Hilfe sein, so dass er »Wind in die Segel« bekommt und entdeckt, dass der Wegfall der Berufsarbeit neben Abbau auch Aufbau bedeutet, nämlich »Unruhestand« beim Aufbau einer neuen Lebensepoche. Über die nötigen Arbeitsgeräte und das Baumaterial dazu verfügt jeder Mensch ohnehin: Ideen, Kreativität, Lebenserfahrungen, Lebensweisheit und die Fähigkeit, sich zu entwickeln.

Dieses Buch[1] kam unter anderem zustande durch die anregende Zusammenarbeit mit Tonny Dingelstad, Teun van den Bosch, Margreet Donders-Onland, Cees van Bavel und Bert Moonen.

Der Bildhauer arbeitet in einem riesengroßen Atelier, von Kindern umgeben. Alle Kinder des Viertels sind seine Freunde. Eines schönen Tages gab die Stadt bei ihm ein großes Pferd für einen der städtischen Plätze in Auftrag. Ein Lastwagen brachte einen enormen Granitblock in die Werkstatt. Der Bildhauer begann, ihn von einer Leiter aus mit Hammer und Meißel zu bearbeiten. Die Kinder sahen ihm dabei zu. Dann fuhren die Kinder in die Ferien, die einen ans Meer, die anderen in die Berge. Als sic zurückkamen, zeigte ihnen der Bildhauer das fertige Pferd, und eines der Kinder fragte ihn mit weit aufgerissenen Augen: »Aber ... wie hast du denn gewusst, dass da drin in dem Steinblock ein Pferd war?«

Eduardo Galeano[2]

Einen neuen Standpunkt einnehmen

In Eindhoven auf dem Mittelstreifen einer Schnellstraße steht eine große Stahlkonstruktion. Als ich dieses Kunstwerk zum ersten Mal sah, fand ich es hässlich, kalt und aufdringlich. Ich war mit dem Auto unterwegs. Bereits an der Ampel, ein gutes Stück vor der Plastik, war mir das große stählerne Dreieck aufgefallen. Als ich weiterfuhr, sah ich zu meiner Überraschung, dass sich seine Form zu ändern schien. Das Dreieck verwandelte sich in ein etwas verzogenes Viereck. Dieses veränderte sich beim weiteren Näherkommen in ein Dreieck mit der Spitze nach oben. Daraus entstand wiederum eine Form wie eine Sanduhr oder der Buchstabe X. Hinter mir hupte ein irritierter Autofahrer, weil ich beim Seitwärtsschauen halb auf die linke Fahrspur gekommen war. Im Rückspiegel tauchte abermals das Bild auf, jetzt aber sah es aus wie ein Dreieck mit der Spitze zur Erde hin. Die Plastik faszinierte mich. Ich nahm mir vor, noch einmal hinzugehen, aber dann ohne Auto.

Diesmal näherte ich mich ihr auf dem Fahrrad. Sie kam mir vor wie ein gewaltiges Ausrufe- oder Fragezeichen mitten im Schnellverkehr. Ich ließ das Fahrrad zurück und ging in einem weiten Bogen um die Konstruktion herum. Die auffälligsten Formen, die ich wahrnehmen konnte, waren das Dreieck mit der Spitze nach oben, das Dreieck mit der Spitze nach unten, die Sanduhr- oder X-Form und das etwas verzerrte Quadrat. Dazwischen entdeckte ich noch vielerlei Übergangsformen.

Auf einmal wurde mir ganz deutlich bewusst, dass der Standort, den man einnimmt, für die Wahrnehmung ausschlaggebend ist. Hätte ich meinen ersten Standort beibehalten, so würde ich mir gar nicht vorstellen können, dass jemand auf der gegenüberliegenden Seite eine ganz andere Gestalt wahrnimmt. Es ist, als ob die Plastik sagen will: »Sieh mich einmal von der anderen Seite an, gib den eigenen Standort auf, setz dich in Bewegung, lauf um mich herum und staune über meine vielen Erscheinungsformen.« Das Wundervolle an dieser zehn Meter hohen Stahlkonstruktion besteht darin, dass sie trotz ihrer Festigkeit den Betrachter zur Bewegung und fortwährenden Änderung seines Standpunktes aufruft. Der Künstler Arie Berkulin, der sie schuf, nannte sie »Swing«.[3]

Ich bin noch einige Male zu der Stahlplastik zurückgekehrt. Es fiel mir auf, dass die Beweglichkeit, zu der das Objekt den Betrachter auffordert, auch erfahren werden kann, wenn man sich auf die Wechselwirkung zwischen Bild und Umgebung einlässt. Eines Tages sah ich zum ersten Mal das besondere Spiel von Licht und Schatten, das beim Aufeinandertreffen von Sonnenlicht und schweren Stahlbalken entsteht. Die hellen und dunklen Flächen sowie die Schattenlinien auf dem umgebenden Gras gaben der Konstruktion eine gewisse Verspieltheit und Leichtigkeit. Im Winter im dichten Nebel machte sie einen bleischweren und trübsinnigen Eindruck. Nur kurz tauchten die gewaltigen Konturen der Balken auf, um sofort wieder hinter Nebelfetzen zu verschwinden. Eines Tages sah ich die untergehende Sonne riesengroß und blutrot genau durch den Stahlrahmen scheinen: ein Lichtkreis von einem dunklen Dreieck eingefasst. So entstehen durch die Wechselwirkung zwischen Objekt, Natur und Betrachter immer wieder neue Kunstwerke!

Die Erlebnisse an dieser Plastik machen deutlich, wie wichtig es ist, aus einer inneren Lebendigkeit heraus das Kunstwerk zu betrachten, das wir selbst erschaffen: unseren Lebenslauf und somit auch die Lebensphase des Alters. Im Laufe unseres Lebens kann der Blickwinkel, aus dem wir die Welt betrachten, eingeschränkt und starr werden. Und die Sicht auf die Wirklichkeit ist durch die Lebens- und Arbeitsaufgaben als Mann oder Frau zwangsläufig vorgeprägt. Das kann so stark werden, dass man sich wie eingezwängt fühlt. Darüber berichten häufig Menschen, die bereits eine Weile pensioniert sind: »Beim Eintritt in den Ruhestand hatte ich das Gefühl, als ob ich aus einer Zwangsjacke befreit wäre und endlich die Gedankenfreiheit wiedergewonnen hätte.« Einschneidende Veränderungen im Leben eignen sich ganz besonders dazu, einmal innezuhalten und nachzuforschen, inwiefern man regsam und flexibel genug ist, sich in fremde Standpunkte und Betrachtungsweisen hineinzuversetzen. So wird man sich nicht nur der eigenen Wahrnehmungsweise bewusst, sondern auch in welchem Umfang diese die eigene Lebensführung beeinflusst.

In den Kursen für (Früh-)Pensionierte werden mit den Teilnehmern Wahrnehmungsübungen anhand der oben beschriebenen Stahlplastik von Arie Berkulin gemacht. Immer wieder sind sie überrascht, wie stark ihre innere Beweglichkeit dabei in Anspruch genommen wird. Dadurch erfahren sie, wie unterschiedlich jeder Mensch wahrnimmt und wie die Wahrnehmung seine Beziehung zur Welt, zu anderen Menschen und zu sich selbst prägt.[4] Bei dieser Übung werden die Teilnehmer in kleine Gruppen aufgeteilt. Jede Gruppe bekommt ein Photo der Plastik, jedesmal von einem anderen Standort aus aufgenommen. Die Seminarteilnehmer sollen nun die Plastik beschreiben und danach im großen Kreis das Wahrgenommene schildern. Dabei sind die Äußerungen oft mit den verschiedensten Gefühlen, Gedanken, Meinungen, Interpretationen und (Vor-)Urteilen durchsetzt: »Ich habe sofort das hässliche eiserne Dreieck erkannt, an dem ich jeden Tag vorbeikomme.« (Dieser Person sind offensichtlich die anderen Erscheinungsformen der Plastik nicht aufgefallen.) »Der Baum, den wir durch das starre Viereck sehen, ist ein Symbol für die Zukunft, für Wachstum und Beweglichkeit. Das starre Lebensmuster, das uns bis jetzt aufgezwängt wurde, legen wir ab.« »Soll das Kunst sein, schade um das Geld!« »Für uns ist das große Dreieck wie ein Warndreieck, hinter dem sich das Altersheim befindet. Es mahnt uns, möglichst lange davon Abstand zu halten.«

Während des anschließenden Gesprächs über den Wahrnehmungsvorgang wird deutlich, wie die Beobachtungen vielfach getrübt und ungenau sind. Menschen, die diese Plastik bereits kennen, sind oft gerade deshalb nicht im Stande, richtig hinzusehen. Gefühle der Sympathie und Antipathie stehen der genaueren Wahrnehmung ebenso im Wege wie die voreilige Beurteilung. An dieser Übung kann man sehen, wie schwierig es ist, aus unbefangenem Staunen heraus, unter Zurückhaltung der eigenen Gefühle und Urteile zu beobachten. Die Teilnehmer erleben auch, dass man dem Wahrgenommenen einen bestimmten Symbolgehalt abgewinnen kann, der die reine Wahrnehmung ergänzt. Das bereichert den Betrachter, denn mit diesen Symbolen kann ein überraschendes, neues Licht auf unsere Lebenserfahrungen fallen. Während dieser Wahrnehmungsübung erlebt man, was bereits Goethe ausgedrückt hat: *Die Sinne trügen nicht, aber das Urteil trügt.*

Die Wahrheit dieses Spruches wird den Teilnehmern noch stärker bewusst, wenn die Fotos der verschiedenen Gruppen nebeneinander gelegt werden. Erstaunt stellen die Anwesenden fest, dass alle das gleiche, aber von verschiedenen Standpunkten fotografierte Objekt beschrieben hatten.

In die Mitte des Raumes wird nun ein Modell der Plastik hingestellt, und die Teilnehmer können um es herum gehen. Dabei wird es ganz deutlich, dass der Standort bestimmt, was man sieht. Sie erleben außerdem, wie die eigene begrenzte Wahrnehmung vervollständigt wird, wenn man den Standort wechselt. Während dieses Rundgangs kommt eine lebendige, begeisterte Stimmung auf. Die Kursteilnehmer laufen nicht nur um das Modell herum, sie betrachten es auch von einem niederen oder höheren Standort aus und entdecken so, dass unzählige Blickwinkel möglich sind.

Diese Übung wird für viele Beteiligten zu einer eindringlichen Erfahrung; die Plastik wird zum »eye opener«. Sie erkennen, wie Beruf, zweckgerichtetes Denken, bestimmte religiöse und politische Auffassungen sowie gewisse (Vor-)Urteile manchmal dazu führen, dass man die Wirklichkeit nur noch von einem festen Standpunkt aus wahrnimmt, durch den der Lebenshorizont eingeengt wird.

Manche Teilnehmer, die täglich an der Plastik vorbeikommen,

stellen auf einmal fest: »Jeden Tag sehe ich zwar diese Plastik, aber jetzt *sehe* ich sie erst wirklich.« Andere Bemerkungen: »Im Laufe unseres Lebens haben wir uns so sehr daran gewöhnt, nur noch von unserem eigenen Standpunkt aus unser Leben zu betrachten und zu gestalten, dass wir ›sehend blind‹ geworden sind. Wir haben nur noch Augen für dasjenige, was zu unserem beschränkten Horizont gehört, und sprechen daher vom hässlichen eisernen Ungetüm und dass es schade um das Geld ist, bis wir schließlich einmal um die Plastik herumlaufen und unsere Augen wirklich aufmachen.« Die unbefangene Wahrnehmung muss geschult werden; wer sich von einer erstarrten Betrachtungsweise löst, seine Vorurteile ablegt und unvoreingenommen wahrnimmt, kommt wieder ins Staunen und wird sich für Neues begeistern, so dass er sich innerlich bereichert fühlt. Paul Klee hat einmal gesagt: *Kunst gibt nicht das Sichtbare wieder, sondern macht sichtbar.* Das kann man an dieser Plastik erleben. Ein Teilnehmer meint während der Übung: »Es wäre schön, wenn die Stahlkonstruktion sich drehen würde, so dass du beobachten kannst, wie die Form sich verändert.« Bei diesem Kunstwerk geht es aber gerade darum, dass man selbst in Bewegung kommt, den alten Standort verlässt und relativiert.

Im Leben des Einzelnen und in der Gesellschaft begegnet man auf Schritt und Tritt erstarrten und festgefahrenen Verhaltensweisen, wie zum Beispiel

- die Weise, wie der Mensch sich selbst sieht oder seinen Lebenslauf erlebt;
- die Weise, wie er einen anderen Menschen sieht;
- die Dominanz der eigenen Denkart, der eigenen Meinungen und Urteile;
- das allgemein akzeptierte Modell des menschlichen Lebenslaufs: erst lernen, dann arbeiten und schließlich ausruhen;
- die einseitige Auffassung von Alter und Altern.

Unbefangene Wahrnehmung und innere Flexibilität zu erüben erhöht die Lebensqualität und bildet zugleich ein Gegengewicht zum physischen Altern. Manchmal misst man das Ausmaß des Altwerdens nur am körperlichen Alterungsprozess. Qualitäten, die das Kind von Natur aus besitzt, wie Staunen können, Unbefangenheit, Offenheit, Beweglichkeit, Kreativität und der Wille, neue Erfahrungen zu sammeln, können durchaus in erwachsene Fähigkeiten umgewandelt werden. Das Schwinden der Jugend muss dann nicht durch krampfhaftes Bemühen, um jeden Preis jung bleiben zu wollen, kompensiert werden. Der *Verlust* der Jugend kann im Laufe des Lebens zum *Gewinn* seelischer und geistiger Jugendlichkeit werden und somit das Älterwerden zur Lebenskunst machen. Die beschriebenen Wahrnehmungsübungen anhand eines Kunstwerkes helfen dem Menschen also, Einsicht in die Art und Weise zu bekommen, wie er das selbst geschaffene Kunstwerk, nämlich die eigene Biographie sieht.

Ebenso wie ein Kunstwerk hat auch unser Lebenslauf eine sichtbare und eine unsichtbare Seite, einen äußeren und einen inneren Aspekt. Nur die materielle Erscheinung des Kunstwerkes und deren Wechselwirkung mit der Umgebung sind äußerlich wahrnehmbar. Nicht sichtbar sind die im Betrachter hervorgerufenen Gefühle, Fragen und Gedanken. Berücksichtigen wir diesen zweiten Aspekt nicht, kennen wir nur die Außenseite des Kunstwerkes. Wer es nur unter einem einzigen Blickwinkel betrachten, wird weder dem Kunstwerk noch dem Künstler noch sich selbst gerecht.

Ähnliches gilt für unsere Sicht auf den eigenen Werdegang und somit auf das Erleben des Älterwerdens. Unser Lebenslauf gleicht einem vielschichtigen Kunstwerk mit vielen Farben und Formen, das wir erst in seinem ganzen Reichtum erfassen, wenn wir es mit innerer Lebendigkeit und warmer Anteilnahme betrachten. Dieses Kunstwerk wird niemals fertig, immer ist es im Werden begriffen. Und das gilt natürlich auch für die Lebensgeschichte eines anderen Menschen.

Manchmal empfinden wir es als schmerzhaft, wenn jemand ein Urteil über uns abgibt, das er sich aus einseitiger Sicht gebildet hat. Wir fühlen uns dann nicht richtig wahrgenommen und erkannt, weil viele Aspekte unserer Persönlichkeit nicht berücksichtigt wurden. Erst recht unerträglich wird es, wenn man dann voreilig abgestempelt wird: »Dieser Mensch ist nun einmal so.« Auch die eigene Unbeweglichkeit versucht man durch ein vorschnelles Urteil zu entschuldigen: »So bin ich nun einmal.« Man missachtet damit das Wesentliche im Menschen, nämlich den inneren Künstler und die schöpferische Fähigkeit, sich innerlich zu entwickeln und dasjenige, das in uns zu erstarren droht, wieder in Fluss zu bringen, die Fähigkeit, Altes loszulassen, um Neues entstehen zu lassen.

Wir haben gesehen, wie wichtig es ist, »um die Dinge herumzugehen« und sich bewusst zu werden, dass die Perspektive, aus der etwas gesehen wird, den Wahrnehmungsvorgang wesentlich bestimmt. In den folgenden Kapiteln werden wir unter jeweils anderem Blickwinkel die Veränderungen betrachten, die auftreten, wenn ein Mensch seine berufliche Tätigkeit beendet. Während wir uns sozusagen langsam um das Wahrnehmungsobjekt »Lebenslauf« herumbewegen, betrachten wir es erst aus der Sicht der Vergangenheit, dann aus der gegenwärtigen Situation und schließlich mit dem Blick auf die Zukunft gerichtet: Was nehme ich an der zurückliegenden Lebensepoche wahr? Wie sehe ich die heutige Situation und den Übergang zur neuen Lebensphase? Was will ich mit dem nächsten Lebensabschnitt machen und wie möchte ich diesem Gestalt geben?

Bestimmungsfragen im Hinblick auf Vergangenheit, Gegenwart und Zukunft

- Welche Bausteine aus der Vergangenheit können Sie auch noch in der Lebensphase, die vor Ihnen liegt, gebrauchen?
- Geht der Verlust Ihrer Arbeitsstelle mit einem Statusverlust einher?
- Wie erleben Sie die Loslösung vom Berufsleben? Was

vermissen Sie? Freuen Sie sich, dass Sie bestimmte Dinge los sind?

- Was bedeutet es für Sie, dass der Wechsel zwischen Arbeitszeit und Freizeit wegfällt?
- Welche finanziellen Folgen hat die Lebensänderung für Sie?
- Was bedeuteten Ihnen die Arbeitskontakte? Wie erleben Sie ihren Verlust?
- Wie wollen Sie neue Kontakte knüpfen?
- Wie gestaltet sich in Zukunft Ihre Teilnahme an der Gesellschaft?
- Wie erfahren Sie Ihre neu gewonnene Freiheit? Wie erlebt Ihr Partner Ihre neue Freiheit und die veränderte Lebenssituation?
- Wie empfinden Sie das Älterwerden?
- Wie erleben Sie es, gemeinsam oder alleine Ihren Lebensweg fortzusetzen?
- Aus welcher Quelle schöpfen Sie Inspiration?
- Welche Bedeutung hat Ihre Lebenseinstellung, Ihre weltanschauliche oder religiöse Überzeugung für Ihre Sichtweise auf die neue Lebensphase?
- Welche Ideen für neue Beschäftigungen haben Sie?
- Gibt es Dinge, denen Sie mit Unbehagen entgegensehen?
- Welche Fragen stellt Ihre Umgebung an Sie?
- Welche neuen Herausforderungen suchen Sie? Gibt es Dinge, die Sie schon lange machen wollten, aber niemals aufgegriffen haben?
- Erleben Sie einen Unterschied zwischen dem, *was* Sie waren und sind und dem, *wer* sie sind?
- Haben Sie sich schon Gedanken darüber gemacht, wie Sie in Zukunft wohnen wollen: so wie jetzt oder in einer Wohngemeinschaft?
- Was erwarten Sie von der Zukunft?
- Was ist Ihr größter Wunsch im Hinblick auf die kommende Lebensphase, für sich selbst und für Ihren Partner?

Abschied

Drunten pfeift ein Zug durchs grüne Land,
Morgen, morgen fahr' auch ich davon!
Letzte Blumen pflückt verirrt die Hand,
Und sie welken, eh' ich fort bin, schon.

Abschied nehmen ist ein bittres Kraut,
Wächst an jedem Fleck, den ich geliebt;
Keine Stätte, die ich mit gebaut,
Heimat wird und Heimatfrieden gibt.

In mir selber muss die Heimat sein,
Jede andre welkt so schnell hinab,
Jede ließ mich gar so bald allein,
Der ich alle meine Liebe gab.

Tief im Wesen trag' ich einen Keim,
Der wird stille größer, Tag für Tag:
Wenn er reif ist, bin ich ganz daheim,
Und es ruht der ewige Pendelschlag.

Hermann Hesse

Rückblick

Die Römer verehrten den Gott Janus, den Hüter der Türen und Tore. Als solcher war er der Gott eines jeden Anfangs: der Anfang des Tages, der Woche, des Monats und des Jahres. Er wurde mit zwei Gesichtern dargestellt. Das eine Gesicht, das sich der Vergangenheit hinwandte, war alt, und das andere, das sich auf die Zukunft richtete, war jung. In Rom war ihm ein Doppeltor gewidmet. Als Hüter der Haustür wurde er mit Schlüssel und Pförtnerstab abgebildet. Sein Name ist im Monat Januar verewigt. Der Gott Janus verband Vergangenheit und Zukunft, Altes und Neues. Das alte Antlitz, das in die Vergangenheit blickt, sagt uns: Das, was hinter uns liegt, steht unveränderlich fest. Das junge Antlitz, das in die Zukunft schaut, sagt uns: Das, was vor uns liegt, ist jung, dort ist noch alles möglich.

Am Anfang dieses Buches wurde das Bild der Tür erwähnt: *Wenn sich eine Tür hinter dir schließt und du starrst nur auf diese verschlossene Tür, dann siehst du nicht die vielen Türen, die sich vor dir öffnen.* (Friedrich Rückert) Wer durch die Tür geht, die von einem berufstätigen Leben in ein Leben ohne Beruf führt, sollte die Tür kräftig hinter sich zuziehen. Ein Blick auf den zurückliegenden Lebensabschnitt kann diesen Prozess wirkungsvoll unterstützen, indem man sich einige Fragen stellt:

- Wie sieht der Lebensabschnitt aus, der hinter mir liegt?
- Was hat das Leben mir bis jetzt gebracht, was hat es genommen?
- Was hindert mich daran, die zurückliegende Phase wirklich loszulassen?

- Welche Werte, Erfahrungen, Menschen und Gefühle halten mich noch fest?
- Was habe ich bis jetzt in meinem Leben zur Blüte gebracht?
- Trage ich Zukunftskeime in mir, die in Zukunft noch aufgehen können?

Eine solche Rückbesinnung ist notwendig, um zu erkennen, welche Dinge endgültig ad acta gelegt werden können, damit sie in Zukunft die persönliche Entwicklung nicht hemmen. Die Art und Weise, wie der Mensch sich zur eigenen Vergangenheit stellt und inwiefern es ihm gelingt, sich von ihr zu lösen, wirkt sich auf seinen Standpunkt gegenüber der Welt, sich selbst und anderen Menschen in Gegenwart und Zukunft aus. Das Durchschreiten des Tores, das zur neuen Lebensepoche führt, geht nicht ohne inneren Umschwung: erst zurückblicken, um dann wieder nach vorne zu schauen, so dass man die neuen Türen wahrnehmen kann, hinter denen sich Unbekanntes verbirgt.

Wer sich mit der eigenen Vergangenheit befasst, wird drei wichtige Lebensepochen unterscheiden können: von der Geburt bis zum 20. Lebensjahr, von 20 bis 40 Jahren und von 40 aufwärts. Zunächst wollen wir die früheste Lebensphase näher betrachten und charakterisieren.

- Welche wichtigen Erinnerungen an Kindheit und Jugend haben Sie?
- Wissen Sie noch, »was ich später einmal werden will?« Ist dieser Wunsch in Erfüllung gegangen oder hat Ihr Leben einen anderen Lauf genommen?
- Durften Sie selbst Ihr Studium oder Ihren Beruf wählen?
- Welche Begegnungen waren in dieser Anfangszeit wichtig?
- Hatten Sie ein bestimmtes Hobby oder Interesse, dem Sie viel Zeit widmeten oder für das Sie zu wenig Zeit hatten?
- Wie gestaltete sich die gesellschaftliche Wirklichkeit um Sie herum?

In Gruppengesprächen über dieses Thema wird häufig berichtet, dass in der Jugendzeit alles viel stärker festgelegt war und es nur wenige Wahlmöglichkeiten gab. Hier einige Auszüge aus diesen Gesprächen:

Damals lag den gesellschaftlichen Aufgaben von Jungen und Mädchen, Männern und Frauen eine unbewegliche, einseitige Rollenverteilung zugrunde. Oft mussten die Jungen gleich nach der Grundschule arbeiten gehen. Wer Glück hatte, durfte als Junge eine Berufsausbildung oder ein Studium absolvieren. Wer aber auf dem Land aufwuchs oder aus einer Arbeiterfamilie kam, hatte kaum Chancen, weiter zu lernen. »Das schickt sich nicht für Leute wie uns«, meinte man. Mädchen durften meistens nicht weiterlernen, denn, so dachte man, sie würden sowieso heiraten, Kinder bekommen und den Haushalt besorgen.

Rollenverhalten, Aufgaben, soziale Beziehungen und Moral wurden früher viel stärker »von oben« festgelegt.

Man lebte oft in einer großen Unfreiheit, deren man sich erst im späteren Erwachsenenalter bewusst wurde. Institutionen wie die Kirche bestimmten in hohem Maße die Lebensweise der Menschen. Im Süden der Niederlande gab es einen Spruch, der diese Machtposition von Industrie und Kirche und ihre Zusammenarbeit ausdrückte: »Wenn du die Menschen arm hältst, werde ich sie dumm halten.«

Frauen erzählen häufig von verpassten Chancen in Bezug auf Ausbildung und Entwicklung.

Früher wurde einem Mädchen eine Berufsausbildung nicht erlaubt – einfach deshalb, weil sie ein Mädchen war oder weil sie zu Hause bleiben musste, um im Haushalt zu helfen. Eine verheiratete Frau, die arbeiten ging, wurde scharf verurteilt, denn das bedeutete, dass der Ehemann nicht imstande war, seine Familie zu unterhalten. Wenn eine berufstätige Frau heiraten wollte, wurde ihr gekündigt; dasselbe geschah, wenn sie schwanger wurde.

Die Generation, die am Ende des 20. Jahrhunderts in Rente geht, ist unter sehr schwierigen Verhältnissen aufgewachsen.

Wir wuchsen in der Krisenzeit und im Zweiten Weltkrieg auf, und wir bekamen die Schwierigkeiten unserer Eltern mit. Wir wurden mit Armut, Gefahren und Ängsten konfrontiert. Vielfach musste die Ausbildung abgebrochen werden, das Studium konnte nicht zu Ende geführt werden. Väter oder ältere Brüder wurden zu Zwangsarbeit verurteilt oder tauchten unter. Wegen der schlechten wirtschaftlichen Lage, des geringen Einkommens und der miserablen Wohnverhältnisse wurde man gezwungen, zu improvisieren, und als Kind musste man mit wenig zufrieden sein.

Wie kann man die nächste Lebensphase von 20 bis 40 Jahren charakterisieren?

- Was waren die wichtigsten Ereignisse und Veränderungen?
- Welche Menschen und Begegnungen waren wichtig?
- Welche Bedeutung hatte Arbeit in Ihrem Berufsleben oder in Ihrem Dasein als Mutter und Hausfrau?
- Bekamen Sie die Möglichkeit, sich durch Kurse, Studium oder Fortbildung weiterzubilden?
- Gibt es ein bestimmtes Hobby oder Interesse, von dem Sie sich damals sagten, dass Sie sich ihm später, wenn Sie mehr Zeit hätten, widmen würden?
- Welche gesellschaftlichen Ereignisse waren prägend für diese Epoche?

Frauen, die in diesem Alter zu Hause als Mutter oder Hausfrau arbeiteten, beantworten diese Fragen mit der Entwicklung, die sie durch ihre Mutterschaft und durch das Aufwachsen der Kinder (Schulbesuch usw.) durchgemacht haben.

Als ich mitbekam, wie sich die Kinder in der Schule entwickelten, wurden mir die Mängel der eigenen Schulbildung schmerzhaft bewusst. Bei vielen Frauen war das ein Anlass, selbst einen Kurs, eine Ausbildung oder ein Studium aufzugreifen. Als Hausfrau besaß man einerseits eine gewisse Freiheit, andererseits aber empfand man ständig einen Druck, weil man nie mit seinen Aufgaben fertig war. Im Grunde vereinigte man als Hausfrau und Mutter viele Berufe in sich. Leider wurde dieser vielseitige »Beruf« unterbewertet. Die Frauen regten sich jedesmal auf, wenn sie beim Ausfüllen eines Formulars auf die Frage »Welchen Beruf haben Sie?« gezwungen waren zu antworten: »Keinen.«

Ohne nachzudenken unterstützte man als Frau selbstverständlich den

Ehemann in seinem Beruf. Bei ihr konnte er sein Herz ausschütten. Er erzählte ihr die schönen Erfahrungen, aber auch die schwierigen. Es war keine Frage, dass man als Frau immer für andere da war. Später hatte man es dann auch oft schwer, sich einmal nur auf sich selbst und die eigenen Wünsche zu konzentrieren. Wer dagegen einen Beruf hatte, hatte auch die Möglichkeit, sich weiterzubilden.

Eine bezahlte Arbeit bedeutete manchmal aber auch eine starke Belastung, vor allem, wenn es sich um schwere, eintönige oder schmutzige Arbeit handelte, wenn die Arbeitszeiten unregelmäßig waren oder es Schichtarbeit war. Trotzdem hatte das Berufsleben wichtige positive Aspekte:

- Geld verdienen und somit die Möglichkeit haben, selbständig zu leben oder die Familie zu unterhalten;
- Kontakte mit anderen Menschen;
- die Möglichkeit, kreativ zu arbeiten und an etwas mitzugestalten;
- etwas anfertigen, das andere Menschen nötig haben;
- andere in einem bestimmten Fachbereich ausbilden und eigene Fertigkeiten und Kenntnisse weiterreichen;
- ein gesteigertes Selbstwertgefühl, weil man etwas zustande bringt;
- das Gefühl, sinnvoll beschäftigt zu sein;
- die regelmäßige Abwechslung von Arbeitszeit und Freizeit;
- Arbeit als Herausforderung;
- die Möglichkeit, Initiative zu ergreifen;
- Verantwortung tragen können;
- die Möglichkeit, Anteil an der Gesellschaft zu haben.

Nach dem Krieg stürzten wir uns ganz und gar auf den Wiederaufbau. Viele unbezahlte Überstunden wurden gemacht. Im Berufsleben entwikkelten wir allerlei Fähigkeiten, wie Selbstdisziplin, Zusammenarbeit, kritisches Verhalten, Selbstkritik und Mündigkeit. Die Arbeit erweiterte den Horizont und man war stolz auf das Geleistete. Der Beruf verlieh dem Menschen soziales Ansehen und das Gefühl, dazuzugehören.

Wenn man seinen Arbeitsplatz verliert oder aufhört zu arbeiten, fällt oft viel positive Lebensqualität weg. In den Gesprächen wird aber auch von negativen Arbeitserfahrungen berichtet, wie das harte Arbeitsklima, der Leistungsdruck und die Berufssituation, in der man sich eingezwängt fühlte.

Viele von uns studierten in den Abendstunden, um sich weiterzubilden. Häufig fühlten wir uns in der Arbeitswelt wie ein Objekt, ein Produktionsmittel behandelt. Viele ernten jetzt die bitteren Früchte der damaligen schlechten oder ungesunden Arbeitsbedingungen, die zu allerlei körperlichen oder psychischen Beschwerden, bei manchen sogar zur Erwerbsunfähigkeit führten. Die Schichtarbeit des Vaters verlangte häufig schwere Opfer von Frau und Kindern (»Papa hat keine Zeit; still, Papa schläft.«)

Die ersten Jahre des Erwachsenseins waren von Mangel und Wohnungsnot gekennzeichnet. Während des Wiederaufbaus waren die Menschen von Idealen erfüllt: nie mehr Krieg, Armut oder Arbeitslosigkeit. Viele junge Paare waren wegen der Wohnungsnot gezwungen, jahrelang bei den Eltern zu wohnen.

Als älterer Mensch hat man es schwer, mit jüngeren zusammenzuarbeiten, die keinen Respekt vor den älteren Kollegen haben. Auch durch den großen technologischen Fortschritt, mit dem man nur schwer mithalten kann, bekommt man das Gefühl, keine Rolle mehr zu spielen. Bürokratie und Routine geben einem das Gefühl, nicht mehr selbst zu leben, sondern nur noch »gelebt zu werden«.

Manchmal hatte man als Erwachsener Schuldgefühle, weil man zu viel Zeit und Energie in den Beruf steckte und zu wenig in die Familie. Mancher erkannte am Ende seiner Karriere, dass er sich jahrelang an einem Produktionsprozess beteiligt hatte, der für die Umwelt oder die Gesellschaft schädlich war. Dessen wurde er sich erst bewusst, als die Zeitungen über die Umweltkatastrophen berichteten.

Dieser zweite Lebensabschnitt wird aber auch vom wachsenden Wohlstand geprägt. Immer mehr Elektrogeräte für den Haushalt kommen auf den Markt. Freilich können sich zunächst nur die wenigsten diesen Luxus leisten. Soziale Gesetze werden verabschiedet. Die ersten Gastarbeiter kommen. Der wachsende Wohlstand führt zum Entstehen der Freizeit- und Tourismusindustrie. In den sechziger Jahren versetzte eine Demokratisierungsbewegung, die die herrschenden Autoritäten in Frage stellte, die Gesellschaft in heftigen Aufruhr. In den Niederlanden prangerten »Provobewegung« und Studenten die Mentalität der Herrschenden an, ähnlich die 68er-Bewegung in der Bundesrepublik. Hohle Autorität und Selbstgefälligkeit wurden entlarvt. Die Parole lautete: »Phantasie an die Macht!« In den Firmen wurden Betriebsräte gegründet, die Frauenbewegung kämpfte um die Gleichberechtigung der Frau, die großen Vietnamdemonstrationen holten den grausamen Krieg in Asien ins allgemeine Bewusstsein.

Schließlich werden die Teilnehmer aufgefordert, auf die dritte Phase von 40 bis etwa 60 Jahren zurückzublicken und sie zu charakterisieren.

- Welche bedeutenden Ereignisse und Veränderungen fanden in dieser Zeitspanne in Ihrem Leben statt?
- Welche Menschen und Begegnungen waren wichtig?
- Welchen Wert oder welche Bedeutung hatte Arbeit für Sie, sei es als Berufstätiger, Mutter und Hausfrau oder als Freiwilliger im sozialen Dienst?
- Gab es Möglichkeiten, sich durch Kurse, Studium oder Fortbildung weiterzuentwickeln?
- Was waren die herausragenden gesellschaftlichen Ereignisse?

Auch durch die heranwachsenden Kinder wird man mit gesellschaftlichen Veränderungen und dem Wandel von Normen und Werten konfrontiert.

Dass junge Leute zusammenleben, wurde im Laufe der Zeit ganz normal, während wir als Eltern zu Anfang große Schwierigkeiten damit hatten. Es gab manchmal Konflikte zwischen Eltern und Kindern über Äußerlichkeiten, Kleidung, Frisur und Musik.

Viele Menschen unserer Generation sind stolz darauf, dass sie keinen einzigen Tag arbeitslos waren. Für sie ist es dann auch schwer zu akzeptieren, dass junge Leute ohne Bedenken Sozialhilfe beantragen. »Ich habe immer hart gearbeitet und jetzt muss ich erleben, dass mein eigener Sohn von Sozialhilfe lebt!«

Im Laufe der Zeit wurde die starre Rollenverteilung durchbrochen, immer mehr Frauen ergriffen einen Beruf. Im Berufsleben machten uns die schnellen Veränderungen, Umstrukturierungen, Fusionen und Sparmaßnahmen zu schaffen, weil kaum oder keine Rücksicht auf die älteren Arbeitnehmer genommen wurde.

Viele Menschen bekamen eine Invalidenrente oder wurden frühpensioniert. Heutzutage gehen nur noch ganz wenige erst mit 65 Jahren in Rente. Das Durchschnitts-Rentenalter hat sich auf 60 Jahre gesenkt; immer mehr Menschen verlassen sogar schon mit 55 Jahren den Betrieb, beispielsweise im Rahmen eines Sozialplanes.

Am Ende dieses Lebensabschnittes wurden wir mit umwälzenden gesellschaftlichen Änderungen konfrontiert: das Ende des Kalten Krieges, der Fall der Mauer, die Demokratisierung der osteuropäischen Länder, der Golfkrieg und die Bürgerkriege im ehemaligen Jugoslawien und in Ruanda. Fortwährend wurden wir mit grauenhaften Bildern aus der ganzen Welt überflutet: Flüchtlinge, Hungersnot, (Natur-)Katastrophen und Bürgerkriege.

Die Hoffnung, die wir beim Zusammenbruch des Kommunismus verspürten, hat sich mittlerweile verflüchtigt. Als die Drohung des Kommunismus nicht mehr aktuell war, traten neue Drohungen verstärkt auf: Nationalismus, Faschismus, Rassismus, Korruption und Kriminalität. Das Gift des Kalten Krieges hat weiter gewirkt. Ohnmachtsgefühle machen sich breit und die Frage drängt sich auf: Was können wir mit dem ganzen Elend, mit dem wir von allen Seiten konfrontiert werden, anfangen? Der Mensch neigt dazu, sich vor dem unfassbaren Leid abzuschotten. Es scheint, als ob wir durch diese Flut von Schreckensmeldungen eher abgestumpft werden. Früher hätten solche Bilder uns tief berührt und schockiert. Heutzutage nehmen wir sie nur noch zur Kenntnis.

Die dritte Lebensphase erleben wir wie eine Phase der Bewusstwerdung. Wir sehen, dass es Grenzen des Wohlstandes, Grenzen des Wachstums gibt, wie der Club of Rome vor vielen Jahren feststellte. Die vielen Umweltkatastrophen und -skandale rütteln uns auf und führen uns unerbittlich zu der Frage: Was tun wir der Erde an, was tun wir den Generationen, die nach uns kommen, an?

Haben wir den Dioxinskandal in Italien, die Giftkatastrophe in Indien, die Atomkatastrophe in Tschernobyl, die Ölkatastrophen auf dem Meer und die Giftskandale in den Niederlanden bereits vergessen? Hoffnungsvolle Zeichen sind das wachsende Umweltbewusstsein und die stärkere öffentliche Beachtung von Umwelt- und Naturschutzorganisationen sowie der ökologischen und biologisch-dynamischen Landwirtschaft, die neben Umweltbewusstsein auch Liebe und Respekt vor der Natur wecken wollen.

Auch die Tatsache, dass immer mehr Menschen sich das Elend der ganzen Welt zu Herzen nehmen, kann uns mit Hoffnung erfüllen. Von diesem Engagement zeugen die vielen Organisationen, die tatkräftig Notleidenden Hilfe leisten, wie Amnesty International, Terre des Hommes, Flüchtlingshilfe, Foster Parents, Ärzte ohne Grenzen, das Rote Kreuz. Das Wissen um die Arbeit solcher Organisationen und ihre finanzielle und praktische Unterstützung kann uns vor Verzweiflung und Zynismus behüten und uns vielleicht bei der Beantwortung der Frage helfen: Wie wird der Mensch wichtige Lebenswerte wie Freiheit, Frieden, Solidarität, Toleranz, Gleichberechtigung und Respekt vor dem Leben in das 21. Jahrhundert hinübertragen? Schon Wilhelm von Oranien benannte eine allgemein humane Grundregel: »Wir brauchen keine Hoffnung zu haben, um etwas zu unternehmen, wir brauchen den Erfolg nicht zu sehen, um weiterzumachen.«

Zurückblickend auf die vergangenen sechzig Jahre nehmen wir wahr, wie die gesellschaftlichen Veränderungen sich überstürzen. Trotzdem besteht die Kunst darin, auch als älterer Mensch dem Strom der Ereignisse standzuhalten. Die Generation, die jetzt um die Jahrhundertwende in Rente geht, hat in ihrem Leben jedenfalls noch die Chance bekommen, in der Auseinandersetzung mit neuen gesellschaftlichen Entwicklungen eine große Flexibilität zu entwickeln.

Folgende Fragen können hilfreich sein, um auf das eigene Leben, die eigene Arbeit und die sich verändernde Gesellschaft zurückzublicken:

- Was ändert sich in meinem Leben durch den Wegfall des Berufs?
- Habe ich das erreicht, was ich wollte, oder gab es auch Enttäuschungen?
- Habe ich meine Laufbahn wegen Frühpensionierung oder Entlassung nicht abrunden können? Wie empfinde ich das?
- Machten mir die (technischen und organisatorischen) Veränderungen am Arbeitsplatz zu schaffen?
- Wie hat der gesellschaftliche Wandel mein Leben beeinflusst, welche Veränderungen im positiven oder negativen Sinn haben am tiefsten eingegriffen?
- Der Arbeitsplatz verschaffte mir den Zugang zur Gesellschaft. Wie kann ich in Zukunft ohne Beruf weiterhin Anteil am sozialen Leben haben?
- Wie habe ich den Abschied von der Berufswelt erlebt?

Die Antworten auf diese Fragen können bei der Suche nach neuem Lebensinhalt und neuer Sinngebung anregend sein. Auf der Schwelle zum Ruhestand ist es außerdem sinnvoll, sich klar und deutlich vor Augen zu stellen, was in Zukunft wegfallen oder sich wenigstens verändern wird.

- Das Einkommen verringert sich, was weitreichende Folgen haben kann.
- Eine wichtige Quelle der Sinngebung fällt weg.
- Eine abwechslungsreiche Lebensführung ist nicht mehr selbstverständlich gegeben: der tägliche Rhythmus von Weggehen und Heimkommen, der Rhythmus von Arbeitswoche und freiem Wochenende, Arbeitsjahr und Ferien, der Wechsel zwischen Anstrengung und Entspannung, Arbeit und Freizeit. Der Rentner hat keine Freizeit mehr, nur noch Zeit.
- Soziale Kontakte entfallen. Man ist nicht länger Teil eines Teams, einer Gruppe von Kollegen. Auch gelegentliche

Kontakte mit Kunden oder anderen Menschen außerhalb des Betriebs, national und international, gehen verloren. Ein wichtiger Zugang zur Gesellschaft verschwindet.

- Die Möglichkeit, sich in seinem Beruf zu entfalten, gibt es nicht mehr. Wichtige Werte wie Verantwortung tragen, Führung übernehmen, Initiative ergreifen sind nicht mehr gefragt.
- Der gesellschaftliche Status, den man innehatte, ist nicht mehr selbstverständlich. Wenn dieser bisher sehr wichtig war, kann im Ruhestand Identitätsverlust entstehen. *Was* man war, fällt weg; es zählt nur noch, *wer* man jetzt als Mensch ist.

Wer die Sinngebung seines Lebens nur in seinem Beruf gesucht hat, steht beim Eintritt in den Ruhestand vor einem großen Verlust. Menschen, für die ihre Arbeit gleichzeitig ihr Hobby war, fühlen sich beim Ausscheiden aus dem Berufsleben in ihrem Selbstbewusstsein verletzt. Sie haben es oft schwer, aus dieser Leere heraus ihrem Dasein einen neuen Sinn zu geben.

Etwas, was wir hinter uns lassen, sollte auf richtige Weise abgeschlossen werden. Die Art und Weise, wie wir vom Vergangenen Abschied nehmen, hat erheblichen Einfluss darauf, wie wir danach im Leben stehen und wie wir uns fühlen. Aus den Gruppengesprächen über dieses Thema geht hervor, dass der Abschied vom Berufsleben, und wie man ihn erlebt, sehr verschieden sein kann. Für viele Menschen kam dieses Ereignis unerwartet früh. Oft hatten sie in den letzten Jahren Schwierigkeiten am Arbeitsplatz wegen Umstrukturierungen, Schließung von Abteilungen, Verkauf von Unternehmensteilen, oder sie waren dem Arbeitstempo und den rasant verlaufenden technologischen Veränderungen nicht mehr gewachsen. Manche waren beim Abschiednehmen von der Firma frustriert, weil sie den Eindruck hatten, dass man sie schon seit Jahren auf das Abstellgleis geschoben hatte, oder weil ihnen nahegelegt worden war, »freiwillig« in den vorzeitigen Ruhestand zu gehen. Für andere war es, als ob sie von einer Geliebten Abschied nehmen würden (»Ich war mit meiner Arbeit verheiratet«) oder von einem Hobby, das ihr ganzes Leben ausfüllte.

Im Falle einer Kündigung ist von irgendeiner Abschiedszeremonie meistens nicht die Rede. Manche Kursteilnehmer dagegen sprechen mit Wärme vom Abschied, den man ihnen bereitet hatte. Andere wiederum erzählten, dass man einfach vergessen hatte, sie zu verabschieden. Es gab auch Menschen, die nicht öffentlich Abschied nehmen wollten, weil sie einen tiefen Groll hegten oder enttäuscht waren über die Weise, wie sie in letzter Zeit behandelt worden waren, z.B. von jüngeren Mitarbeitern, die ihnen als älteren, erfahrenen Kollegen wenig Respekt entgegengebracht hatten. Sie haben die Weigerung oft im Nachhinein bereut, aus dem Gefühl, etwas nicht zu Ende geführt zu haben, und das wirkt sich nachteilig auf die neue Lebensphase aus. Eine offizielle Abschiedsfeier kann beitragen, die negativen Stimmungen abzubauen, die sich in letzter Zeit angesammelt haben.

Vielen Menschen fällt ein solches offizielles Abschiednehmen schwer, weil es gegensätzliche Gefühle wachruft. Einerseits freut man sich auf die neue Freiheit und die Befreiung vom Leistungsdruck, andererseits spürt man, dass eine wichtige Lebensepoche endgültig abgeschlossen ist und dass man in Zukunft nicht mehr dazugehören wird. Aber gerade das Durchleben dieser Emotionen kann bei der Umstellung auf die neue Situation hilfreich sein. In den Gesprächen stellt sich immer wieder heraus, wie wertvoll eine solche Abschiedsfeier ist, nicht nur für den unmittelbar Betroffenen, sondern auch für seinen Partner. Die Wärme und Herzlichkeit, die einem entgegengebracht wird, ebnet in schöner Weise den Weg in die neue Lebensphase. Ich selbst habe den Abschied von meinem Arbeitsplatz wie eine Brücke zwischen dem alten und dem kommenden Abschnitt empfunden, als eine Art Geschenk, das ich seitdem in mir trage.

Wenn man bestimmte Programmpunkte nicht mag, die üblicherweise zu einer Abschiedsveranstaltung gehören, sollte man vorher seine Wünsche und Ideen den Organisatoren mitteilen.

Meistens ist es aber sinnvoll, die Organisation anderen zu überlassen im Vertrauen darauf, dass sie die Feier schön gestalten werden.

Im Französischen lautet ein Wort: »Partir c'est mourir un peu«, Weggehen ist ein wenig wie Sterben. Das trifft sicher für das Ausscheiden aus dem Berufsleben zu. Nur zu leicht unterschätzt man, wie sehr ein Mensch mit seiner Arbeitsstelle verwachsen ist.

Der Lernende

Erst baute ich auf Sand, dann baute ich auf Felsen.
Als der Felsen einstürzte
Baute ich auf nichts mehr.
Dann baute ich oftmals wieder
Auf Sand und Felsen, wie es kam, aber
Ich hatte gelernt.

Denen ich den Brief anvertraute
Die warfen ihn weg. Aber die ich nicht beachtete
Brachten ihn mir zurück.
Da habe ich gelernt.

Was ich auftrug, wurde nicht ausgerichtet.
Als ich hinkam, sah ich
Es war falsch gewesen. Das Richtige
War gemacht worden.
Davon habe ich gelernt.

Die Narben schmerzen
In der kalten Zeit.
Aber ich sagte oft: nur das Grab
Lehrt mich nichts mehr.

Bertolt Brecht

Mann und Frau in neuer Lebenssituation

In den Seminargesprächen berichten die Teilnehmer häufig davon, dass sie in ihrer Jugend in einer einseitigen Rollenerwartung befangen waren: für Männer gehört sich dieses, für Frauen jenes, und so entwickelten sie in erster Linie die Qualitäten, die zu der jeweiligen Rolle passten: Der Mann verdient das Geld und die Frau bleibt zu Hause, besorgt den Haushalt und erzieht die Kinder. Männer lernen sachbezogen zu denken, zielstrebig zu handeln, andere anzuleiten, initiativ zu werden und keine Gefühle zu zeigen. Frauen dagegen haben ihre hauptsächlichen Fähigkeiten im Bereich der Versorgung und Pflege von anderen, ihr Wirkungsfeld erstreckt sich also auf alles, was mit Gefühlen, Atmosphäre, Intuition und Kreativität und Pflege von Kontakten zu tun hat.

Im Laufe der nächsten Jahrzehnte änderte sich dieses Rollenbild grundlegend. Heutzutage ist es für eine Frau keine Schande mehr, wenn sie, genau wie ihr Mann, eine Arbeitsstelle hat. Im Gegenteil: Viele Kursteilnehmerinnen berichten, dass sie durch den Einstieg ins Berufsleben mehr Chancen bekamen, sich weiterzubilden und dadurch ihre soziale Isolierung zu durchbrechen und andere Menschen kennen zu lernen.

Männer schildern in der Gesprächsrunde, wie sie irgendwann durch bestimmte Erfahrungen gezwungen wurden, ihrer einseitigen männlichen Rolle neue Seiten hinzuzufügen. Nach einer Scheidung z.B. oder nachdem ihr Partner krank wurde oder starb, war es nötig, die typischen Aufgaben der Hausfrau zu übernehmen. Das führte zu einer starken Relativierung der eigenen Rolle und zum wachsenden Respekt vor der Arbeit der Frau. Auch die Frauenbewegung, der Umgang mit den eigenen heranwachsenden Kindern oder die Tatsache, dass beide Partner außer Haus arbeiten, trugen dazu bei, dass die Männer die traditionelle Rollenverteilung in Frage stellten. Die Anzahl der berufstätigen Frauen, die in Rente gehen, nimmt stetig zu.

Wem es gelingt, sich im Ruhestand aus der einseitigen Festlegung zu lösen, wird imstande sein, Weichen neu zu stellen und so seine Lebensreise auf einem anderen Gleis fortzusetzen. Durch eine Erweiterung der Interessen erlebt man, dass jeder Mensch sowohl männliche als auch weibliche Qualitäten in sich hat.

In den Gesprächen erzählen die Männer, wie sie sich jetzt am Umgang mit ihren Enkelkindern freuen. Früher, als ihre eigenen Kinder noch klein waren, hatten sie oft wegen der Arbeit und häufig auch noch wegen eines Abendstudiums wenig Zeit für ihre Kinder, die so weitgehend der Mutter überlassen waren. Manche Männer besuchen einen Kochkurs. Männer, die sich niemals in ihrem Leben »schöpferisch« betätigt haben, nehmen teil an einem künstlerisch-handwerklichen Kurs oder pflegen ehrenamtlich ältere Menschen oder Behinderte. Viele Frauen holen jetzt nach, was sie früher verpasst haben: sie fangen ein Studium an, belegen einen Computerkurs oder lernen Autofahren. Man sieht, wie man auf verschiedenste Weise dem Mann- oder Frausein neue Seiten abgewinnen kann.

Nach der Pensionierung müssen sich zwei Partner, die einen großen Teil ihres Lebens getrennt voneinander verbracht haben, von heute auf morgen auf ein enges Zusammensein einstellen. Sowohl von dem Mann als auch von der Frau erfordert das eine enorme Umstellung. Für den Partner, der sich aus der Berufswelt zurückzieht, bedeutet der Ruhestand eine Einschränkung seiner Lebens- und Erfahrungswelt. Die Hausfrau dagegen empfindet oft die Pensionierung ihres Mannes wie einen Einbruch in ihre Freiheit. Vielfach hört man von Seiten der Frau die Bemerkung: »Man redet nur über die Pensionierung der Männer. Für uns Hausfrauen gibt es kein Rentnerdasein. Alles bleibt beim Alten, nach wie vor machen wir die gleiche Arbeit.« Ob das wirklich zutrifft, hängt davon ab, wie man im neuen Lebensabschnitt das Zusammenleben gestaltet.

Hierbei ist besonders der Mann gefordert, über die Position der Frau und die Bedeutung von »Freiheit« in der neuen Lebenssituation nachzudenken. Männer sind sich nämlich dieser einschneidenden Veränderung im Leben der Frau nicht immer bewusst. Sie nehmen normalerweise ihre neu gewonnene Freiheit wahr: kein Leistungsdruck mehr, machen, was man selber will, Muße für Hobbys und andere Beschäftigungen und mehr Zeit, um gemeinsam etwas zu unternehmen. Bei den Frauen ist die Situation aber anders. Gerade haben sie sich nach dem Auszug der Kinder an ihre größere Freiheit gewöhnt und einen individuellen Rhythmus und einen neuen Lebensinhalt gefunden, da wird ihr Leben nochmals durcheinandergeworfen: der Mann wird pensioniert und bleibt von nun an zu Hause. Sie sind nicht länger allein »Herr« im Haus, denn fortan müssen sie stärker mit dem Partner rechnen. Der Mann versteht es nicht so leicht, warum die Frau seinem Ruhestand mit gemischten Gefühlen entgegensieht. Einerseits freut sie sich, dass er nicht mehr jeden Tag arbeiten gehen muss, andererseits empfindet sie es aber auch wie eine Bedrohung ihrer Freiheit. »Werde ich weiterhin die Dinge tun können wie bisher und die Kontakte beibehalten, die ich hatte? Wenn ich in die Stadt gehe, kann ich dann so lange wegbleiben, wie ich möchte?«

Beide sollten erkennen, dass Freiheit bedeutet, dass der eine den anderen freilässt. Aber erst wenn die neu gewonnene äußere Freiheit zur inneren Erfahrung wird, ist der Mensch imstande, eigene Entschlüsse und Wünsche in die Tat umzusetzen. Dabei ist es wichtig, dass beide Partner ihre jeweiligen Erwartungen äußern und zu klaren Abmachungen kommen, die aber auch wieder in Frage gestellt werden können.

Was bedeutet es für ein Ehepaar, wenn es sich von heute auf morgen die Wohnung für die alltäglichen Aktivitäten teilen muss, wie z.B. den Haushalt besorgen, Fernsehen, Zeitung lesen, telefonieren, Hobbys betreiben? Was macht man zusammen und was getrennt? Auf einmal alles gemeinsam machen zu wollen, kann beide Partner in ihrer Freiheit und Entfaltung sehr beeinträchtigen. Zudem ist man viel stärker als früher mit

Eigenheiten und Angewohnheiten des Partners konfrontiert. Daher sollte jeder die Möglichkeit haben, sich ab und zu in die eigenen vier Wände zurückzuziehen, wo er auch Sachen liegen lassen kann, mit denen er gerade beschäftigt ist.

Manchmal halten Männer im Ruhestand weiterhin an einem Umgangston fest, den sie von ihrer Arbeit her gewöhnt sind. Ein Mann, der vierzig Jahre lang eine verantwortliche Position mitsamt Status und Autorität innehatte, schafft es nicht so ohne weiteres, sein Verhalten von einem Tag auf den anderen zu ändern. Manche können es nicht lassen, sich in den Haushalt einzumischen. »Warum jeden Tag einkaufen gehen? Einmal in der Woche wäre viel effizienter.« Er übersieht aber, dass seine Frau die Chance benutzt, einmal von zu Hause weg sein zu können. Andere können sich Bemerkungen über das Telefonieren nicht verkneifen: »Mach es kurz, das kostet Geld.«

Die Umstellung auf den neuen Lebensabschnitt braucht Zeit. In einer Art »Entziehungskur« müssen alte, sinnlos gewordene Verhaltensmuster abgestreift werden. Je tiefer der Mensch der alten Lebensweise verhaftet war, umso länger dauert der Entwöhnungsprozess.

Wenn man aus der Berufstätigkeit ausscheidet, fallen im Allgemeinen die Arbeitskontakte weg. Manch einer mag später noch einmal den früheren Arbeitgeber besuchen. Meistens aber kehrt er enttäuscht davon zurück, weil niemand in der Firma Zeit für den ehemaligen Kollegen hat. Das Gefühl, nicht mehr dazuzugehören, wird dadurch nur noch verstärkt. Deswegen sollte man unbedingt anderweitige Kontakte suchen, am besten schon bevor man in Rente geht. So könnte man z.B. ein bestimmtes Hobby ausbauen, indem man Mitglied in einem Verein wird und dort gemeinsame Interessen pflegt, man kann ein Studium anfangen oder ein Seminar besuchen. In der neuen Lebensphase hat man auch mehr Zeit für die eigenen Kinder, Enkelkinder, andere Verwandte und sonstige Beziehungen, die früher immer zu kurz gekommen sind. Für die Frau ist es wichtig, dass sie die bestehenden Freundschaften weiterpflegt. Auch sollten die Freundinnen nicht meinen, dass sie unerwünscht seien, nur weil jetzt der Ehemann zu Hause ist. Die Frauen sollten sich weiterhin ohne Männer treffen können, auch darin erweist sich der Respekt vor der Freiheit der Frau. Neben den gemeinsamen Kontakten ist es also wichtig, dass jeder Partner seine persönlichen hat. Wenn später einer von beiden allein zurückbleibt, können diese Verbindungen lebenswichtig sein.

Einmal sah ich auf einer Wiese zwei Bäume dicht nebeneinander stehen, deren Äste ineinandergriffen. Die Bäume lehnten sich nicht aneinander. Jeder Stamm hatte sein eigenes Wurzelwerk und trug eine schön ausgewachsene Krone. Licht und Wind spielten in den Bäumen. Das Astwerk der beiden Bäume hatte sich so ineinander verschlungen, dass eine Art Tor entstanden war, durch das ein Mensch hindurchgehen konnte. Würde der Sturm einen der Bäume fällen, bliebe der andere stehen. Zwar würde dessen Krone auf der Seite, wo er die andere Baumkrone berührt hatte, kahl und beschädigt sein, aber er würde weiterwachsen, blühen und Früchte tragen.

Khalil Gibran[5] zeichnet ein Bild dieses Zusammengehörens in Freiheit:

Dann sprach Almitra abermals und sagte: Und was ist mit der Ehe, Meister?
Und er antwortete und sprach:
Ihr wurdet zusammen geboren, und ihr werdet auf immer zusammen sein.
Ihr werdet zusammen sein, wenn die weißen Flügel des Todes eure Tage scheiden.
Ja, ihr werdet selbst im stummen Gedenken Gottes zusammen sein.
Aber lasst Raum zwischen euch.
Und lasst die Winde des Himmels zwischen euch tanzen.
Liebt einander, aber macht die Liebe nicht zur Fessel:
Lasst sie eher ein wogendes Meer zwischen den Ufern eurer Seelen sein.
Füllt einander den Becher, aber trinkt nicht aus einem Becher.
Gebt einander von eurem Brot, aber esst nicht vom selben Laib.
Singt und tanzt zusammen und seid fröhlich, aber lasst jeden von euch allein sein.
So wie die Saiten einer Laute allein sind und doch von derselben Musik erzittern.
Gebt eure Herzen, aber nicht in des anderen Obhut.

Denn nur die Hand des Lebens kann eure Herzen umfassen.
Und steht zusammen, doch nicht zu nah:
Denn die Säulen des Tempels stehen für sich,
Und die Eiche und die Zypresse wachsen nicht im Schatten der anderen.

Frauen im Ruhestand

Von Margreet Donders-Onland[6]

Frauen werden auf zweifache Weise mit dem Problem des Ruhestands konfrontiert: Die berufstätigen Frauen erleben die Pensionierung am eigenen Leib. Eine größere Anzahl aber wird nur indirekt betroffen, indem ihr Mann in Rente geht. In beiden Fällen aber hat sich die Frau mit wichtigen Veränderungen auseinanderzusetzen. Die Lage der Frau, die aus dem Arbeitsverhältnis ausscheidet, scheint auf den ersten Blick der des Mannes zu gleichen, doch ist die Problematik anders, weil sie aus einem differenzierteren persönlichen und sozialen Hintergrund am Arbeitsprozess teilgenommen hat: sie arbeitet ganztägig oder nur in Teilzeit, sie ist verwitwet oder geschieden, ist »Wiedereinsteiger«, hat vielleicht Kinder großgezogen. Auch bei der Frau, deren Mann in den Ruhestand eintritt, sehen die Lebensumstände verschieden aus: sie kann selbst noch im Berufsleben stehen, sie hat Kinder, die noch zu Hause oder bereits ausgezogen sind, sie hat Enkelkinder, mit denen sie meistens stärker als der Mann verbunden ist.

Auf welche Weise auch immer die Frauen mit dem Ende der Berufsarbeit in Berührung kommen mögen, immer ändert sich ihr Lebensmuster beträchtlich. Sie können entweder das Kommende gelassen abwarten oder selbst den Veränderungsprozess steuern und ihr Leben neu gestalten, wie schwierig das auch sein mag. Folgender Bericht einer alleinstehenden sechzigjährigen Rentnerin kann für viele stehen:

Immer habe ich mich mit meiner Arbeit identifiziert und darin große emotionale Befriedigung gefunden. Die Zusammenarbeit mit anderen

Menschen, mit anderen Frauen, der Teamgeist und die persönlichen Freundschaften erfüllten mich mit großer Genugtuung. Seit einem halben Jahr bin ich Rentnerin, und schon fällt mir auf, dass ich mich mit meinen früheren Kollegen kaum noch treffe. Das gemeinsame Interessengebiet ist weggefallen. Ich fühle mich alt und einsam. Ich werde meinem Leben einen neuen Sinn geben müssen.

Häufig bleibt die Sehnsucht nach Veränderung den Betroffenen aber unbewusst und äußert sich höchstens in kleinen Irritationen, Lustlosigkeit oder anderen geistigen und körperlichen Beschwerden. Es erfordert Mut, diese Signale ernst zu nehmen und ihnen auf den Grund zu gehen. Verheiratete Frauen müssen sich nach der Pensionierung ihres Mannes mit diesen Fragen noch eindringlicher auseinandersetzen. Wie bereits dargestellt, haben sie häufig Angst, sie könnten durch die Pensionierung ihres Mannes ihre liebgewonnene Freiheit verlieren. Oft ist es aber nicht so sehr die äußere, sondern vielmehr eine *innere Unfreiheit,* die noch von ihrer alten Rolle als sorgende Hausfrau herstammt und sie in ihrer Selbstentfaltung hemmt. Selbst dann, wenn ihr Mann im Ruhestand ist, fühlt sie sich verpflichtet, für ihn zu sorgen. Erneut schlüpft sie in ihre dienende Rolle. Eine Frau beschreibt, wie sie diesen seelischen Konflikt bewältigt hat:

Manchmal fühlte ich mich ängstlich und unsicher, wenn ich es wagte, für meine eigenen Rechte einzutreten. Selbst als es mir schließlich gelang, mich durchzusetzen, wurde ich doch über längere Zeit von Schuldgefühlen geplagt, obwohl ich verstandesmäßig wusste, dass ich mich nicht schuldig zu fühlen brauchte. Dennoch bin ich froh, dass ich den Kampf nicht aufgegeben habe. Innerlich fühle ich mich immer freier werden und mache meinen Mann auch weniger abhängig von mir.

Aus den Gesprächen mit Ehepaaren geht hervor, dass z.B. ein gemeinsam erstellter Plan zur Aufteilung der Hausarbeit beiden Partnern in ihrer neuen Lebenssituation mehr äußere, aber auch mehr innere Freiheit gibt. Das gilt auch für andere Aktivitäten. Was macht man zusammen, was macht jeder für sich? Das alles sollten die beiden Partner ehrlich und offen miteinander besprechen, wobei sie in Kauf nehmen müssen, dass der eine den anderen nicht immer begreifen wird. Das ist keine leichte Aufgabe, aber sie hilft einem, aus dem Trott herauszukommen, und bedeutet eine Verjüngung für sich selbst und die Ehe.

In der Geschichte *Die unwürdige Greisin* zeichnet Bertolt Brecht[7] das Bild einer Frau, die nach dem Tod ihres Mannes resolut ihren eigenen Weg einschlägt. Sie unternimmt alles Mögliche, das sie vorher nicht gemacht hat, und schert sich nicht im geringsten um die Meinung der anderen.

Die unwürdige Greisin

Meine Großmutter war zweiundsiebzig Jahre alt, als mein Großvater starb. Er hatte eine kleine Lithographenanstalt in einem badischen Städtchen und arbeitete darin mit zwei, drei Gehilfen bis zu seinem Tod. Meine Großmutter besorgte ohne Magd den Haushalt, betreute das alte, wacklige Haus und kochte für die Mannsleute und Kinder.

Sie war eine kleine magere Frau mit lebhaften Eidechsenaugen, aber langsamer Sprechweise. Mit recht kärglichen Mitteln hatte sie fünf Kinder großgezogen – von den sieben, die sie geboren hatte. Davon war sie mit den Jahren kleiner geworden.

Von den Kindern gingen die zwei Mädchen nach Amerika, und zwei der Söhne zogen ebenfalls weg. Nur der jüngste, der eine schwache Gesundheit hatte, blieb im Städtchen. Er wurde Buchdrucker und legte sich eine viel zu große Familie zu.

So war sie allein im Haus, als mein Großvater gestorben war.

Die Kinder schrieben sich Briefe über das Problem, was mit ihr zu geschehen hätte. Einer konnte ihr bei sich ein Heim anbieten, und der Buchdrucker wollte mit den Seinen zu ihr ins Haus ziehen. Aber die Greisin verhielt sich abweisend zu den Vorschlägen und wollte nur von jedem ihrer Kinder, das dazu imstande war, eine kleine geldliche Unterstützung annehmen. Die Lithographenanstalt, längst veraltet, brachte fast nichts beim Verkauf, und es waren auch Schulden da.

Die Kinder schrieben ihr, sie könne doch nicht ganz allein

leben, aber als sie darauf überhaupt nicht einging, gaben sie nach und schickten ihr monatlich ein bisschen Geld. Schließlich, dachten sie, war ja der Buchdrucker im Städtchen geblieben.

Der Buchdrucker übernahm es auch, seinen Geschwistern mitunter über die Mutter zu berichten. Seine Briefe an meinen Vater und was dieser bei einem Besuch und nach dem Begräbnis meiner Großmutter zwei Jahre später erfuhr, geben mir ein Bild von dem, was in diesen zwei Jahren geschah.

Es scheint, dass der Buchdrucker von Anfang an enttäuscht war, dass meine Großmutter sich weigerte, ihn in das ziemlich große und nun leerstehende Haus aufzunehmen. Er wohnte mit vier Kindern in drei Zimmern. Aber die Greisin hielt überhaupt nur eine sehr lose Verbindung mit ihm aufrecht. Sie lud die Kinder jeden Sonntagnachmittag zum Kaffee, das war eigentlich alles.

Sie besuchte ihren Sohn ein- oder zweimal in einem Vierteljahr und half der Schwiegertochter beim Beereneinkochen. Die junge Frau entnahm einigen ihrer Äußerungen, dass es ihr in der kleinen Wohnung des Buchdruckers zu eng war. Dieser konnte sich nicht enthalten, in seinem Bericht darüber ein Ausrufezeichen anzubringen.

Auf eine schriftliche Anfrage meines Vaters, was die alte Frau denn jetzt so mache, antwortete er ziemlich kurz, sie besuche das Kino.

Man muss verstehen, dass das nichts Gewöhnliches war, jedenfalls nicht in den Augen ihrer Kinder. Das Kino war vor dreißig Jahren noch nicht, was es heute ist. Es handelte sich um elende, schlecht gelüftete Lokale, oft in alten Kegelbahnen eingerichtet, mit schreienden Plakaten vor dem Eingang, auf denen Morde und Tragödien der Leidenschaft angezeigt waren. Eigentlich gingen nur Halbwüchsige hin oder, des Dunkels wegen, Liebespaare. Eine einzelne alte Frau musste dort sicher auffallen.

Und so war noch eine andere Seite dieses Kinobesuches zu bedenken. Der Eintritt war gewiss billig, da aber das Vergnügen ungefähr unter den Schleckereien rangierte, bedeutete es »hinausgeworfenes Geld« Und Geld hinauswerfen, war nicht respektabel.

Dazu kam, dass meine Großmutter nicht nur mit ihrem Sohn am Ort keinen regelmäßigen Verkehr pflegte, sondern auch sonst niemanden von ihren Bekannten besuchte oder einlud. Sie ging niemals zu den Kaffeegesellschaften des Städtchens. Dafür besuchte sie häufig die Werkstatt eines Flickschusters in einem armen und sogar etwas verrufenen Gässchen, in der, besonders nachmittags, allerlei nicht besonders respektable Existenzen herumsaßen, stellungslose Kellnerinnen und Handwerksburschen. Der Flickschuster war ein Mann in mittleren Jahren, der in der ganzen Welt herumgekommen war, ohne es zu etwas gebracht zu haben. Es hieß auch, dass er trank. Er war jedenfalls kein Verkehr für meine Großmutter.

Der Buchdrucker deutete in einem Brief an, dass er seine Mutter darauf hingewiesen, aber einen recht kühlen Bescheid bekommen habe. »Er hat etwas gesehen«, war ihre Antwort, und das Gespräch war damit zu Ende. Es war nicht leicht, mit meiner Großmutter über Dinge zu reden, die sie nicht bereden wollte.

Etwa ein halbes Jahr nach dem Tod des Großvaters schrieb der Buchdrucker meinem Vater, dass die Mutter jetzt jeden zweiten Tag im Gasthof esse.

Was für eine Nachricht! Großmutter, die zeit ihres Lebens für ein Dutzend Menschen gekocht und immer nur die Reste aufgegessen hatte, aß jetzt im Gasthof! Was war in sie gefahren?

Bald darauf führte meinen Vater eine Geschäftsreise in die Nähe, und er besuchte seine Mutter.

Er traf sie im Begriffe, auszugehen. Sie nahm den Hut wieder ab und setzte ihm ein Glas Rotwein mit Zwieback vor. Sie schien ganz ausgeglichener Stimmung zu sein, weder besonders aufgekratzt noch besonders schweigsam. Sie erkundigte sich nach uns, allerdings nicht sehr eingehend, und wollte hauptsächlich wissen, ob es für die Kinder auch Kirschen gäbe. Da war sie ganz wie immer. Die Stube war natürlich peinlich sauber, und sie sah gesund aus.

Das Einzige, was auf ihr neues Leben hindeutete, war, dass sie nicht mit meinem Vater auf den Gottesacker gehen wollte, das Grab ihres Mannes zu besuchen. »Du kannst allein hingehen«, sagte sie beiläufig, »es ist das dritte von links in der elften Reihe. Ich muss noch wohin.«

Der Buchdrucker erklärte nachher, dass sie wahrscheinlich zu ihrem Flickschuster musste. Er klagte sehr.

»Ich sitze hier in diesen Löchern mit den Meinen und habe nur noch fünf Stunden Arbeit und schlecht bezahlte, dazu macht mir mein Asthma wieder zu schaffen, und das Haus in der Hauptstraße steht leer.«

Mein Vater hatte im Gasthof ein Zimmer genommen, aber erwartet, dass er zum Wohnen doch von seiner Mutter eingeladen werden würde, wenigstens pro forma, aber sie sprach nicht davon. Und sogar als das Haus voll gewesen war, hatte sie immer etwas dagegen gehabt, dass er nicht bei ihnen wohnte und dazu das Geld für das Hotel ausgab!

Aber sie schien mit ihrem Familienleben abgeschlossen zu haben und neue Wege zu gehen, jetzt, wo ihr Leben sich neigte. Mein Vater, der eine gute Portion Humor besaß, fand sie ›ganz munter‹ und sagte meinem Onkel, er solle die alte Frau machen lassen, was sie wolle.

Aber was wollte sie?

Das nächste, was berichtet wurde, war, dass sie eine Bregg bestellt hatte und nach einem Ausflugsort gefahren war, an einem gewöhnlichen Donnerstag. Eine Bregg war ein großes, hochrädriges Pferdegefährt mit Plätzen für ganze Familien. Einige wenige Male, wenn wir Enkelkinder zu Besuch gekommen waren, hatte Großvater die Bregg gemietet. Großmutter war immer zu Hause geblieben. Sie hatte es mit einer wegwerfenden Handbewegung abgelehnt, mitzukommen.

Und nach der Bregg kam die Reise nach K., einer größeren Stadt, etwa zwei Eisenbahnstunden entfernt. Dort war ein Pferderennen, und zu dem Pferderennen fuhr meine Großmutter.

Der Buchdrucker war jetzt durch und durch alarmiert. Er wollte einen Arzt hinzugezogen haben. Mein Vater schüttelte den Kopf, als er den Brief las, lehnte aber die Hinzuziehung eines Arztes ab.

Nach K. war meine Großmutter nicht allein gefahren. Sie hatte ein junges Mädchen mitgenommen, eine halb Schwachsinnige, wie der Buchdrucker schrieb, das Küchenmädchen des Gasthofs, in dem die Greisin jeden zweiten Tag speiste.

Dieser ›Krüppel‹ spielte von jetzt ab eine Rolle.

Meine Großmutter schien einen Narren an ihr gefressen zu haben. Sie nahm sie mit ins Kino und zum Flickschuster, der sich übrigens als Sozialdemokrat herausgestellt hatte, und es ging das Gerücht, dass die beiden Frauen bei einem Glas Rotwein in der Küche Karten spielten.

»Sie hat dem Krüppel jetzt einen Hut gekauft mit Rosen drauf«, schrieb der Buchdrucker verzweifelt. »Und unsere Anna hat kein Kommunionskleid!«

Die Briefe meines Onkels wurden ganz hysterisch, handelten nur von der unwürdigen Aufführung unserer ›lieben Mutter‹ und gaben sonst nichts mehr her. Das Weitere habe ich von meinem Vater.

Der Gastwirt hatte ihm mit Augenzwinkern zugeraunt: »Frau B. amüsiert sich ja jetzt, wie man hört.«

In Wirklichkeit lebte meine Großmutter auch diese letzten Jahre keineswegs üppig. Wenn sie nicht im Gasthof aß, nahm sie meist nur wenig Eierspeise zu sich, etwas Kaffee und vor allem ihren geliebten Zwieback. Dafür leistete sie sich einen billigen Rotwein, von dem sie zu allen Mahlzeiten ein kleines Glas trank. Das Haus hielt sie sehr rein, und nicht nur die Schlafstube und die Küche, die sie benutzte. Jedoch nahm sie darauf ohne Wissen der Kinder eine Hypothek auf. Es kam niemals heraus, was sie mit dem Geld machte. Sie scheint es dem Flickschuster gegeben zu haben. Er zog nach ihrem Tod in eine andere Stadt und soll dort ein größeres Geschäft für Maßschuhe eröffnet haben.

Genau betrachtet lebte sie hintereinander zwei Leben. Das eine, erste, als Tochter, als Frau und als Mutter, und das zweite einfach als Frau B., eine alleinstehende Person ohne Verpflichtungen und mit bescheidenen, aber ausreichenden Mitteln. Das erste Leben dauerte etwa sechs Jahrzehnte, das zweite nicht mehr als zwei Jahre.

Mein Vater brachte in Erfahrung, dass sie im letzten halben Jahr sich gewisse Freiheiten gestattete, die normale Leute gar nicht kennen. So konnte sie im Sommer früh um drei Uhr aufstehen und durch die leeren Straßen des Städtchens spazieren, das sie so für sich ganz allein hatte. Und den Pfarrer, der sie besuchen kam, um der alten Frau in ihrer Vereinsamung Gesellschaft zu leisten, lud sie, wie allgemein behauptet wurde, ins Kino ein!

Sie war keineswegs vereinsamt. Bei dem Flickschuster verkehrten anscheinend lauter lustige Leute, und es wurde viel erzählt. Sie hatten dort immer eine Flasche ihres eigenen Rotweins stehen, und daraus trank sie ihr Gläschen, während die anderen erzählten und über die würdigen Autoritäten der Stadt loszogen. Dieser Rotwein blieb für sie reserviert, jedoch brachte sie mitunter der Gesellschaft stärkere Getränke mit.

Sie starb ganz unvermittelt, an einem Herbstnachmittag in ihrem Schlafzimmer, aber nicht im Bett, sondern auf dem Holzstuhl am Fenster. Sie hatte den Krüppel für den Abend ins Kino eingeladen, und so war das Mädchen bei ihr, als sie starb. Sie war vierundsiebzig Jahre alt. Ich habe eine Fotografie von ihr gesehen, die sie auf dem Totenbett zeigt und die für die Kinder angefertigt worden war.

Man sieht ein winziges Gesichtchen mit vielen Falten und einen schmallippigen, aber breiten Mund. Viel Kleines, aber nichts Kleinliches. Sie hatte die langen Jahre der Knechtschaft und die kurzen Jahre der Freiheit ausgekostet und das Brot des Lebens aufgezehrt bis auf den letzten Brosamen.

Das Alter ist ein höflich Mann:
Einmal übers andre klopft es an;
Aber nun sagt niemand: Herein!
Und vor der Türe will er nicht sein.
Da klinkt er auf, tritt ein so schnell,
Und nun heißts, er sei ein grober Gesell.

Goethe, Das Alter

Soll dich das Alter nicht verneinen,
So musst du es gut mit andern meinen;
Musst viele fördern, manchem nützen,
Das wird dich vor Vernichtung beschützen.

Goethe, Sprüche

Der Wert der Arbeit

Ein Roggenkorn so groß wie ein Hühnerei

Von Leo Tolstoi[8]

Eines Tages fanden die Kinder in einer Schlucht ein Ding so groß wie ein Hühnerei, das in der Mitte eine Einkerbung hatte und aussah wie ein Getreidekorn. Ein Vorübergehender, welcher das Ding bei den Kindern sah, nahm es ihnen für fünf Kopeken ab, brachte es in die Stadt und verkaufte es an den Zaren als Seltenheit.

Der Zar rief die Weisen seines Landes zusammen und befahl ihnen festzustellen, ob dieses Ding ein Ei oder ein Korn sei. Die Weisen betrachteten es von vorne und von hinten, konnten ihm aber keine Antwort geben. Das Ding lag auf dem Fenster. Da kam eine Henne herbeigeflogen, pickte daran herum und bohrte ein Loch hinein. Da sahen alle – es war ein Getreidekorn. Die Weisen kamen zum König und sprachen: »Es ist ein Roggenkorn.«

Der Zar staunte. Er befahl den Weisen festzustellen, wo und wann dieses Korn gewachsen war. Die Weisen dachten hin und dachten her, suchten in ihren Büchern, konnten aber nichts finden. Sie kamen zum Zaren und sprachen: »Wir können dir darüber keine Auskunft geben. In unseren Büchern steht davon nichts. Danach musst du die Bauern fragen; vielleicht hat einer von ihnen von seinen Vätern gehört, wann und wo ein solches Korn gesät wurde.«

Der Zar schickte Boten aus und befahl ihnen, einen alten, alten Bauern zu suchen und herzuführen. Sie fanden einen steinalten Mann und brachten ihn zum Zaren. Der Greis trat ein: er war graugrün vor Alter, hatte keinen Zahn im Munde und konnte nur mühsam auf seinen zwei Krücken vorwärtshumpeln.

Der Zar zeigte ihm das Korn, aber der Alte war fast blind. Halb kann er es noch erkennen, halb betastet er es.

Fragte ihn der Zar: »Weißt du nicht, Großväterchen, wo dieses Korn gewachsen ist ? Hast du jemals auf deinem Acker solches Getreide gesät oder in deinem Leben einmal solches Korn gekauft?«

Aber der Alte war taub. Nur schwer konnte er etwas verstehen, und es dauerte sehr lange, bis er es verstanden hatte. Dann antwortete er: »Nein«, sagte er, »auf meinem Acker habe ich solches Korn zeit meines Lebens nicht gesät, zeit meines Lebens nicht geerntet und zeit meines Lebens nie gekauft. Wenn wir Korn kauften, war es immer nur kleines. Aber frage meinen Vater«, sagte er, »vielleicht hat der gehört, wo solches Korn wächst.«

Der Zar ließ den Vater des Alten holen und zu sich führen. Sie fanden ihn und brachten ihn. Ein uralter Greis auf Krücken trat ein. Der Zar zeigte ihm das Korn. Der Greis konnte noch mit bloßem Auge sehen und es gut wahrnehmen. Der Zar fragte ihn: »Weißt du nicht, Urgroßväterchen, wo dieses Korn gewachsen ist? Hast du auf deinem Acker solches Korn gesät oder in deinem Leben einmal solches Korn gekauft?«

Obgleich der Alte auch etwas schwerhörig war, konnte er doch besser hören als der Sohn.

»Nein«, sagte er, »auf meinem Acker habe ich niemals solches Korn gesät und auch niemals geerntet. Auch gekauft habe ich keins, denn zu meiner Zeit war das Geld noch nicht eingeführt. Alle lebten von dem, was sie selber bauten, und war einer in Not, so teilte ein anderer mit ihm. Ich weiß nicht, wo dieses Korn gewachsen ist. Wenn auch unser Korn größer und ergiebiger war als das heutzutage, habe ich doch ein solches niemals gesehen. Von meinem Vater habe ich freilich gehört, dass zu seiner Zeit das Korn besser und größer und ergiebiger gewesen sein soll als in unseren Tagen. Den musst du einmal fragen.«

Ließ der Zar Urgroßväterchens Vater kommen. Man fand ihn und führte ihn herbei. Der Greis trat ein: leichten Schrittes und ohne Krücken ging er einher, seine Augen waren hell und klar, er hörte noch gut und sprach verständlich. Der Zar zeigte ihm das Korn. Der Alte schaute es an und drehte und wendete es hin und her.

»Wie lange«, sagte er, »habe ich solch altertümliches Korn nicht mehr gesehen.« Er biss ein Endchen ab und zerkaute es. »Ja, es ist dasselbe«, sagte er.

»Sage mir, Ururgroßväterchen, wo und wann dieses Korn gewachsen ist. Hast du auf deinem Acker je solches Korn gesät oder irgendeinmal in deinem Leben von anderen solches Korn gekauft?«

Sprach der Greis: »Solches Korn wuchs, zu meiner Zeit überall. Mit solchem Korn habe ich mich zeitlebens ernährt, und alle anderen auch. Solches Korn habe ich immer gesät, geerntet und gedroschen.« Fragte ihn der Zar: »Sag, Ururgroßväterchen, hattest du dieses Korn irgendwo gekauft oder selber auf deinen Feldern gezogen?«

Da lachte der Alte.

»Zu meiner Zeit«, sagte er, »verfiel kein Mensch auf die Sünde, Brot zu kaufen oder zu verkaufen; niemand wusste etwas von Geld. Jeder hatte Korn, soviel er haben wollte.«

Da fragte ihn der Zar: »Sage mir, Ururgroßväterchen, wo du solches Korn gesät hast und wo das Feld war.«

»Mein Feld«, sagte der Greis, »war Gottes Erde. Dort, wo ich pflügte, war mein Feld. Die Erde war frei. Eigenes Land gab es nicht. Nur was er erarbeitete, gehörte dem Menschen.«

»Sage mir«, sprach der Zar, »noch zwei Dinge. Erstens: Warum ist früher solches Korn gewachsen und heute nicht mehr? Und zweitens: Warum ging dein Enkel auf zwei Krücken, dein Sohn auf einer und gehst du ohne Krücken frei und leicht dahin? Warum sind deine Augen hell, deine Zähne stark und deine Worte klar und deutlich? Erkläre mir diese zwei Dinge, Ururgroßväterchen!«

»Das kommt daher«, sprach der Greis, »weil die Menschen

aufgehört haben, von ihrer Hände Arbeit zu leben, und ihres Nächsten Hab und Gut begehren. Vorzeiten tat man solches nicht. Da lebten die Menschen nach Gottes Gebot, waren zufrieden mit dem, was sie erarbeiteten und begehrten nicht das, was andere hatten.«

Diese Geschichte Tolstois kann uns anregen, über den Wert nachzudenken, den wir der Arbeit beilegen, und über die tiefgehende Wirkung der Arbeit auf unser Leben. Der älteste der drei Greise ist der vitalste. Er läuft ohne Krücken, er sieht und hört noch gut und spricht verständlich. Der jüngste dagegen hat eine fahle Gesichtsfarbe, keine Zähne mehr und stützt sich auf Krükken, er sieht kaum noch und ist krank. Tolstoi stellt in dieser Erzählung bildhaft dar, wie Arbeit Leben und Gesundheit des Menschen prägt. Der älteste Bauer hat mit Freude gearbeitet. In voller Freiheit arbeitete er für andere, und seine Arbeitskraft diente nicht der Produktionssteigerung, damit andere Menschen noch mehr Geld verdienen. Die Frucht seiner Arbeit (das Korn so groß wie ein Hühnerei) war somit auch viel größer als die der beiden anderen Greise. Der jüngste Bauer dagegen wirkt verbraucht, weil er seine Arbeitskraft verkaufen musste. Andere Menschen bereicherten sich daran, statt dass er selbst Herr seiner Arbeit war. Er wurde dem Produktionsprozess unterworfen und zur bloßen Sache degradiert, so dass er physisch und psychisch verfiel.

Wir sehen hier ein Bild für zwei Aspekte der Arbeit, die im Grunde unzertrennlich zusammengehören: *Arbeit als Zweck* und *Arbeit als Lebenswert.*[9] Arbeit als Zweck hängt mit der Tatsache zusammen, dass durch unsere Arbeitskraft die Produkte zustande kommen, die die Gesellschaft benötigt. Daher beziehen wir ein Einkommen, mit dem wir unseren Lebensunterhalt bestreiten. Diese Tätigkeit verleiht uns eine *soziale Identität.* Wir gehören in einen großen Zusammenhang hinein. Die Frage, die sich auf diesen Aspekt der Arbeit bezieht, lautet also: *Was bin ich?*

Arbeit als Lebenswert dagegen führt uns die Qualität der Arbeit vor Augen, d.h. die Möglichkeit, sich in seiner Arbeit zu entfalten und persönliche Fähigkeiten zu entwickeln und auszugestalten; außerdem besteht die Möglichkeit, am Arbeitsplatz soziale Kontakte zu knüpfen, und nicht zuletzt erhält unser Leben durch Arbeit einen Sinn. Diese Qualitäten hängen mit der *persönlichen Identität* und der Frage *Wer bin ich?* zusammen. Beide Aspekte der Arbeit müssen sich im Gleichgewicht halten.

In den Gesprächen mit Rentnern wird oft deutlich, dass sie darunter gelitten haben, dass in der heutigen Arbeitswelt die beiden Aspekte der Arbeit nicht mehr ausgewogen sind. In den letzten Jahrzehnten ist die Arbeit in zunehmendem Maße entwürdigt und entseelt worden; bei Umstrukturierungen in Betrieben sind häufig Effizienz und Funktionalität die einzigen Kriterien. In den Unternehmen wird von den Arbeitnehmern gefordert, dass sie sich den veränderten Arbeitsbedingungen und neuen Erfordernissen anpassen. Für viele ältere Menschen ist das aber unzumutbar. Vielleicht liegt bei den meisten Arbeitnehmern, die vorzeitig entlassen werden, das Problem nicht darin, dass sie für die Arbeit ungeeignet wären, sondern darin, dass die Arbeit ungeeignet für Menschen ist.

Die Zahl derjenigen, die vorzeitig aus dem Arbeitsverhältnis ausscheiden, steigt. Das Durchschnittsalter, in dem der Erwerbstätige den Betrieb verlässt, ist in den letzten Jahren immer weiter gesunken. Als ich 1976 zum ersten Mal Seminare über den Ruhestand hielt, waren die meisten Teilnehmer 64 Jahre alt. Heute liegt das Alter zwischen 55 und 60 Jahren.

Neben der Erleichterung, dass man nicht länger dem Leistungsdruck ausgesetzt ist, spielen auch andere, eher negative Gefühle eine Rolle: »Meine Laufbahn habe ich nicht zu Ende führen können«, »Ich habe meine Beförderung verpasst« oder »Ich habe nicht genügend Gelegenheit bekommen, den jüngeren Kollegen meine Erfahrungen weiterzugeben.« Wenn der Arbeitsplatz gestrichen wird als Folge eines Umstrukturierungsprozesses, muss der Betroffene damit fertig werden, dass vieles von dem verschwindet, was er jahrelang aufgebaut hat.

Ein älterer Arbeitnehmer formulierte seine Enttäuschung folgendermaßen:

Wir haben den Betrieb mit aufgebaut und sind nun auf einmal überflüssig geworden. Unsere Erfahrung zählt nicht mehr. Der Mensch wird zur Nummer degradiert. Mit den technischen Neuerungen können wir nicht mehr Schritt halten. Ich kann es nicht ertragen, dass junge Menschen, den Kopf voller Fachwissen, aber ohne jegliche Praxiserfahrung, mich herumkommandieren. Ich habe von meinem vierzehnten Lebensjahr an gearbeitet und jetzt reicht es mir. Die Umstrukturierung geht mir zu schnell. In der neuen Abteilung kenne ich niemanden mehr, und so wird der Abschied mir sicher nicht schwer fallen.

Nach einem Abschied, der von Enttäuschung und Groll getrübt wird, ist es nicht leicht, der nächsten Lebensphase positiv gestimmt entgegenzusehen.

In letzter Zeit versucht man durch Reformen den älteren Arbeitnehmern gerecht zu werden, indem man die Arbeit den Möglichkeiten der älteren Menschen anpasst. So ist z.B. das Modell der verkürzten Arbeitszeit in der Diskussion: Wer will, kann in den letzten Jahren vor dem Ruhestand weniger Stunden arbeiten. Auf diese Weise werden Verhältnisse geschaffen, die es dem älteren Menschen ermöglichen, sich auf positive Weise von der Arbeitswelt zu verabschieden.

Bewusst Abschiednehmen von der vorherigen Lebensphase ist Grundbedingung für einen gelungenen Einstieg in die nächste Phase. Deshalb sollte jeder bei der Beendigung seiner Berufstätigkeit einen Moment innehalten und sich eingehend mit der Frage beschäftigen, was Arbeit für ihn bisher bedeutet hat und was Arbeit in einer anderen Form in dem kommenden Lebensabschnitt noch bedeuten könnte. Abschiednehmen von einer Arbeitsstelle heißt noch lange nicht, dass man endgültig alle damit verbundenen positiven Lebensqualitäten verliert. Vielmehr sollte der Rentner sich überlegen, wie er die positiven Aspekte der Arbeit, die seinem Leben bis dahin Sinn und Inhalt gaben, in die zukünftige Lebensepoche integrieren kann.

Während seiner beruflichen Karriere erlebt man Lebensqualitäten wie Verantwortung tragen, Anerkennung finden, Zusammenarbeit pflegen, menschliche Beziehungen aufbauen, Anteil an der Gesellschaft haben, ein Lebensziel und Erfüllung in der Arbeit finden. Waren während der Berufstätigkeit diese Erfahrungsbereiche lebenswichtig, dann sollte man als Rentner versuchen, sie in anderen Situationen wiederzufinden. Oder anders herum: Wie schafft man es, dass im künftigen Leben die negativen Seiten des Arbeitslebens, wie z.B. Routine, Eintönigkeit oder das Gefühl, »gelebt zu werden«, keine Rolle mehr spielen oder sich nicht heimlich wieder einschleichen?

In unserer Gesellschaft geht man im Allgemeinen mit einem sehr engen Begriff von Arbeit um. In erster Linie versteht man darunter bezahlte Arbeit, also Arbeit, die mit einem Einkommen verbunden ist (und meistens auf dem Produktions- und Dienstleistungssektor stattfindet). Durch diese Verengung wird der bezahlten Arbeit ein so hoher Stellenwert beigemessen, dass andere Lebensqualitäten ihr untergeordnet werden. Aus den Seminarbesprechungen geht hervor, wie selbstverständlich es z.B. immer noch für Frau und Kinder ist, dass die ganze Familie umzieht, wenn der Vater woanders eine bessere Stellung findet oder versetzt wird. Das bedeutet für Frau und Kinder, dass sie jedesmal wichtige Lebensbereiche neu aufbauen müssen: Freundeskreis, Schule, Vereinsleben usw.

Die Überbewertung von bezahlter Arbeit hat außerdem dazu geführt, dass die gesellschaftliche Stellung eines Menschen vor allem daran gemessen wird, ob er produktiv ist oder nicht, ob er einen Beruf ausübt oder nicht. Die »Nicht-Produktiven« belastet eine solche Bewertung sehr: »Ich entspreche nicht der Norm, erbringe keine Leistung und lebe auf Kosten der Gesellschaft.« Dieser moralische Druck wirkt sich auf das Lebensgefühl aus, ob man sich dessen bewusst ist oder nicht. Fällt es einem älteren Menschen besonders schwer, mit der Arbeit aufzuhören, so ist dieses Gefühl des Unbehagens vielleicht auf eine solche einseitige Auffassung von Arbeit zurückzuführen. Wurde das Selbstwertgefühl, die Identität stark von seinem Arbeitsplatz bestimmt, ist das Ausscheiden aus dem Beruf oft mit einem schweren Identitätsverlust verbunden. Deshalb ist es aufschlussreich, der Frage nachzugehen: Welche Bedeutung habe ich im Berufsleben der Arbeit beigemessen und was tritt nach dem Ausscheiden an ihre Stelle?

Erweitern wir aber den Begriff Arbeit und sehen ihn nicht länger ausschließlich im Zusammenhang mit dem »Arbeitsmarkt«, bekommen wir auch eine andere Sicht auf den Ruhestand. Er bedeutet dann zwar Aufhören mit einer bestimmten Arbeit, aber nicht das Ende des Tätigseins überhaupt, denn viele Formen der Arbeit sind weiterhin möglich. Die Bezeichnung »wohlverdienter Ruhestand« trifft für diese neue Lebensphase eigentlich nicht zu, denn sie vermittelt ein passives Bild, das keine Perspektive für weitere persönliche Entwicklung bietet.

Nach der Pensionierung stehen einem viele Wege offen: an der persönlichen Entwicklung arbeiten, bestehende Beziehungen intensivieren, sich im Vereinsleben oder in der kirchlichen Gemeinde engagieren usw. Manche Senioren fangen sogar eine zweite Berufskarriere an, gründen einen Kleinbetrieb, um die eigenen Berufserfahrungen anderen Menschen zugänglich zu machen. Andere suchen sich Teilzeitarbeit, in der sie ihre Fähigkeiten einsetzen und somit weiterhin Anteil an der Gesellschaft haben. Man kann in den Niederlanden auch Mitglied einer Einrichtung werden, in der Rentner ihre Erfahrungen, ihr handwerkliches Können oder ihre Kenntnisse von allerlei Hobbys anderen Menschen weitergeben.[10]

Wir können auch noch aus einem ganz anderen Blickwinkel heraus die menschliche Arbeit betrachten. Die Beziehungen des Menschen zur Welt sind in dreifacher Hinsicht interessant: die Beziehung zur Erde (Materie und Natur), zu sich selbst und den anderen Menschen und schließlich zu den Ideen, Werten und Idealen, aus denen heraus er seinem Leben Gestalt gibt. Aufbau und Pflege dieser Beziehungen erfordert allerdings viel Arbeit. In der Kindheit und Jugend stellen wir sie Schritt für Schritt auf individuelle Weise her. Wenn wir hier den erweiterten Begriff von Arbeit anwenden, kann man durchaus sagen, dass bereits ein kleines Kind eine Menge Arbeit verrichtet. Welch eine unglaubliche Hingabe und Energie muss es selbst, müssen aber auch die Menschen in seiner Umgebung aufbringen, damit es laufen, sprechen und denken lernt, spielt und die Welt erkundet, so dass es später einmal als selbständiger Mensch leben und arbeiten kann! Auch Schule, Studium oder Ausbildung erfordern ständigen Einsatz.

Diese Art von Arbeit hängt mit der Entwicklung unserer geistigen Fähigkeiten zusammen, die es uns letztendlich ermöglichen, in der Welt zu wirken, mit oder ohne bezahlten Arbeitsplatz. Solche *Entwicklungs- oder Bildungsarbeit* bleibt ein Leben lang wichtig, denn sie wird auch im Beruf (z.B. in der Fortbildung) ausgeübt. Zwischen Geburt und Tod arbeiten wir an unserer Biographie als einem Lebenskunstwerk. Dies ist nicht in dem Augenblick beendet, in dem wir eine Ausbildung abschließen, einen Arbeitsplatz finden oder aus dem Berufsleben ausscheiden, vielmehr hängt es mit dem Willen zusammen, ein Leben lang zu lernen und sich zu entwickeln.

Dank der Zuwendung und Pflege anderer Menschen sind wir selbständige Menschen geworden. Diese Form von Arbeit könnte man als *pflegerische Arbeit* bezeichnen. Dankbar sollten wir uns vergegenwärtigen, wie Fürsorge und Hingabe von Eltern, Betreuern und Lehrern die Qualität unseres heutigen Lebens bestimmt haben. Ein erheblicher Teil solcher Arbeit wird außerhalb des »Arbeitsmarktes« durch Väter, Mütter und andere verrichtet. Mütter und Hausfrauen erleben vielfach, wie diese unbezahlten Leistungen weniger bewertet werden als die bezahlte Berufsarbeit.

Außerdem haben wir von Kindheit an mit einer dritten Art Arbeit zu tun, die darauf ausgerichtet ist, zwischenmenschliche Beziehungen zu gestalten und zu pflegen. Diese *Beziehungsarbeit* fordert zeitlebens unsere Aufmerksamkeit und Energie. Auch hier wird nur ein Teil von bezahlten Kräften geleistet, u.a. in der Sozialarbeit, der Wohlfahrtspflege, der Schule (neben der Wissensvermittlung lehrt man die Schüler auch soziale Kompetenz: mit anderen zusammenarbeiten, sich miteinander beraten, Gespräche führen usw.), der Erwachsenenbildung und der Nachbarschaftshilfe.

Die wachsende Umweltproblematik drängt uns in zunehmendem Maße die Frage auf, ob sich die Produktionsarbeit in ihrer jetzigen Form nicht gegen das Leben schlechthin kehren wird. Geht die Überbewertung des »Habens« auf Kosten des »Seins« und führt schließlich der äußere, materielle Überfluss zur inneren Verarmung? Werden uns vielleicht, ohne dass wir uns dessen bewusst sind, innere Lebenswerte geraubt? Wer sich mit dieser Fragestellung auseinandersetzt, verrichtet auch Arbeit. Es ist eine Form von Arbeit, die in unserer westlichen Gesellschaft noch immer von vielen Menschen als Luxus betrachtet wird. Wir leisten sie, wenn wir uns Fragen stellen über unsere Herkunft und Bestimmung, über den Sinn des Lebens und unserer Arbeit, über die Folgen dieser Arbeit für andere, für die Umwelt und die Dritte-Welt-Länder. Der Arbeitnehmer fragt sich: Kann ich es verantworten, dass ich an diesem oder jenem Produktionsprozess teilnehme?

Solche kritischen Überlegungen könnte man mit dem Begriff *Besinnungsarbeit* kennzeichnen. Der spirituelle Impuls der Benediktiner war in der Formel »Ora et labora« (Bete und arbeite) zusammengefasst: sowohl in der Welt tätig sein als auch sich auf die Arbeit besinnen, sich in Gebet oder Meditation versenken, damit die gemachten Erfahrungen verarbeitet werden, um so neue Kraft und Inspiration für das Wirken in der Welt zu sammeln. Der Aspekt der Besinnlichkeit in der menschlichen Arbeit wird heute immer mehr vernachlässigt. Für Sinngebungsfragen wird man auf Religion und Weltanschauungen verwiesen. Doch ist es notwendiger denn je, Fragen aufzuwerfen und der Gesellschaft einen Spiegel vorzuhalten, und es ist heutzutage fast unmöglich, sich dieser Aufgabe zu entziehen, denn von allen Seiten werden wir mit unausweichlichen Problemen der Umwelt konfrontiert, die letztlich mit unserer Auffassung von Arbeit zusammenhängen.

Im Idealfall sollte jede Arbeit diese fünf Aspekte in sich vereinigen. Wir fassen sie noch einmal zusammen:

- *Entwicklungsarbeit* bringt unser Leben überhaupt erst in Gang: laufen- und sprechenlernen, in der Schule und im Beruf lernen, Lebenskünstler werden;
- *pflegerische Arbeit* wird für Menschen geleistet, die von der Betreuung anderer abhängig sind und deren Lebensqualität dadurch bestimmt wird; in unserer Kultur ist sie (noch) häufig den Frauen überlassen;
- *Produktionsarbeit* ist auf die Bereitstellung von Gütern und Dienstleistungen ausgerichtet; sie schafft die äußeren Lebensbedingungen, befriedigt unsere elementaren Bedürfnisse;
- *Beziehungsarbeit* hängt mit der Gestaltung, Pflege und Verbesserung der menschlichen Beziehungen zusammen, überall dort, wo Menschen zusammenarbeiten oder zusammenleben;
- *Besinnungsarbeit* leistet man, wenn man über den Sinn des Lebens nachdenkt; in unserer Kultur oft als Luxus eingestuft, obwohl in letzter Zeit das Interesse daran wächst.

Wer aus dem (bezahlten) Berufsleben ausscheidet, hat in besonderem Maße die Freiheit, sich anderen Bereichen der Arbeit als dem der Produktion zuzuwenden. Die Gesellschaft ermöglicht es dem Menschen im Ruhestand, neue Aufgaben zu übernehmen, indem sie ihm finanzielle Mittel zur Verfügung stellt. Er hat sozusagen ein Einkommen wie ein Arbeitsloser. Das braucht ihn nicht von der Arbeit abzuhalten. Vielleicht können sich dadurch in ihm Fähigkeiten, die noch nie angesprochen wurden, entfalten. An einem Baum, dessen Äste abgesägt wurden, treiben die »schlafenden Augen« neu aus. Hier sehen wir ein Bild für die verborgene Energie und Lebenskraft, die auf einmal zum Vorschein kommen kann, wenn ein bestimmter Lebensbereich weggefallen ist.

Wer um die Bedeutung anderer Aufgabenbereiche weiß, wird imstande sein, den Wert seines Arbeitsplatzes zu relativieren, so dass sich ihm beim Eintritt in den Ruhestand ungeahnte Perspektiven eröffnen können. Er wird sehen, dass es noch viel unbezahlte Arbeit zu tun gibt, die ebenso unentbehrlich für die

Gesellschaft ist wie die bezahlte. Der Rentner lebt nicht ohne *Arbeit,* sondern ohne *Beruf.* Nach der Pensionierung kann er die eigenen Lebens- und Arbeitserfahrungen »produktiv« für andere Menschen und somit auch für das gesellschaftliche Leben machen. Diese Neuorientierung trägt dazu bei, dass er nicht nur einen »wohlverdienten Ruhestand« erlebt, sondern eine Lebensphase, in der er sich weiterhin verantwortlich fühlt für die Welt und die Mitmenschen, für die Lebensbereiche, die ein menschenwürdiges Dasein erst wirklich möglich machen, und für das, was Zukunftskräfte in sich trägt.

Abschließend möchte ich noch auf einen anderen Faktor hindeuten, der dem Ruheständler zu schaffen macht, nämlich den der deutlichen Trennung, die heutzutage zwischen Arbeiten, Lernen und Freizeit besteht. Ein alter chinesischer Spruch lautet: *Das menschliche Leben kennt drei Phasen: zwanzig Jahre hat man um zu lernen, zwanzig Jahre um zu kämpfen und zwanzig Jahre um weise zu werden.*[11] In unserer Kultur werden diese Phasen im Allgemeinen säuberlich voneinander getrennt: erst lernen, danach arbeiten (kämpfen für eine Position, für die Karriere) und schließlich ausruhen.

Eine beweglichere und mehr schöpferische Sichtweise des Lebenslaufes ist jedoch dringend erforderlich. Diese sollte davon ausgehen, dass lernen, arbeiten und sich erholen Aspekte sind, die zu jeder Lebensphase gehören. Früher waren auf dem Land und im Handwerk Lernen, Arbeit und Erholung miteinander verwoben und spielten sich innerhalb eines begrenzten Raumes (Bauernhof oder Werkstatt) ab. In der heutigen Zeit bietet der Ruhestand die Chance, die getrennten Lebensbereichen wieder miteinander in Verbindung zu bringen. In dieser Situation wird jeder die folgenden Fragen für sich beantworten müssen:

- Was will ich neu in mir zur Entwicklung bringen?
- Wer möchte ich als Mensch sein oder werden, nachdem ich mich von Pflichten, Arbeit und Beruf gelöst habe?
- Wo möchte ich mich im gesellschaftlichen Leben einbringen? Welche Erfahrungen, Sachkenntnisse und kreative Fähigkeiten möchte ich anderen Menschen zur Verfügung stellen?
- Wie verbringe ich meine Zeit, über die ich nun frei verfügen kann?

»Zu der Zeit, da Buddha noch als Prinz Siddharta von seinem Vater in einem herrlichen Palast festgehalten wurde, entwischte er manchmal und fuhr im Wagen in der Umgebung spazieren. Bei seinem ersten Ausflug begegnete ihm ein gebrechlicher Mann, zahnlos, voller Falten, weißhaarig, gebeugt, auf einen Stock gestützt, zittrig und brabbelnd. Er staunte, und der Kutscher erklärte ihm, was ein Greis ist. ›Was für ein Unglück‹, rief der Prinz aus, ›dass die schwachen und unwissenden Menschen, berauscht vom Stolz der Jugend, das Alter nicht sehen. Lass uns schnell wieder nach Hause fahren. Wozu all die Spiele und Freuden, da ich doch die Wohnstatt des künftigen Alters bin.‹«

Buddha erkannte in einem Greis sein eigenes Schicksal, weil er, geboren, um die Menschen zu retten, ihr Los uneingeschränkt auf sich nehmen wollte. Darin unterschied er sich von ihnen: die Menschen verdrängen, was ihnen missfällt. Und besonders das Alter.

Simone de Beauvoir[12]

Ewige Jugend ohne Alter?

Jugend ohne Alter und Leben ohne Tod.

Ein rumänisches Märchen[13]

Es war einmal, denn wenn es nicht gewesen wäre, so hätte es auch niemand erzählt. Also lebten einmal ein Kaiser und eine Kaiserin. Sie waren beide jung und schön, und nichts fehlte ihnen zu ihrem Glück als ein Kind. Darauf aber warteten sie Jahr um Jahr umsonst. Hatten sie Gott vielleicht, ohne es zu wollen, mit einer Missetat erzürnt? Sie riefen Sternleser herbei, denn sie wollten wissen, was am Himmel über sie geschrieben stand. Aber die Sternleser konnten die funkelnde Schrift nicht entziffern. Da hörte der Kaiser von einem alten Bauern, der über gewaltige Zauberkraft verfüge, und er befahl, einen Boten zu ihm zu senden und ihn vor sein Angesicht zu führen. Aber der Bauer gab den Bescheid, wer etwas wolle von ihm, müsse sich zu ihm in seine Hütte bemühen.

Da machten Kaiser und Kaiserin sich auf und zogen mit Würdenträgern, Bojaren und Knechten hinaus zu seiner Hütte. Der Bauer sah sie kommen, ging ihnen ein wenig entgegen und hieß sie willkommen. Dann sprach er: »Warum quälst du deinen Fuß zu dem beschwerlichen Gang, o Kaiser? Willst du dem Leben deinen Willen aufzwingen? Der Wunsch, den du nährst, bringt dir keinen Frieden. Zwar den Zauber besitze ich, der euch ein Kind herbeizieht, und es wird ein gutes und schönes Kind sein, ein wahrer Prinz Allschön. Aber euch ist es nicht beschieden, es lange zu behalten.«

Gleichwohl wollten Kaiser und Kaiserin den Zauber empfangen, und der Bauer gab ihn. Nun wurde die Kaiserin mit einem

Kinde gesegnet, aber als die Stunde der Geburt herankam, begann dieses Kind im Mutterleib zu weinen, als würde ihm großes Leid angetan. Weder Zauber noch Zuspruch konnten es beschwichtigen. Dem Kaiser zerschnitt es das Herz, und er begann in seiner Angst, dem Kind alle Schätze der Welt zu versprechen. »Schweig, Söhnchen, und ich gebe dir ein halbes Kaiserreich zum Geschenk. Schweig, Väterchens Liebling, und die schönste Kaiserstochter auf Gottes Erdrund wird dein.« Als aber nichts fruchtete und das Kind immer schrecklicher schrie, rief der Kaiser in seiner Verzweiflung zuletzt aus: »Schweig, süßestes Licht, und ich gebe dir Jugend ohne Alter und Leben ohne Tod.«

Im selben Augenblick schwieg das Kind und trat durch die Pforte der Geburt. Pauken und Trompeten verkündeten seine Ankunft, und das Fest zu seinen Ehren währte sieben Tage lang.

Der Bauer aber hatte nicht zu viel versprochen. Ein schöneres und besseres Kind wuchs nirgends heran. Was andere in einem Jahr lernten, lernte es in einem Monat, und bald wusste es alles bis zum Mond und zur Sonne hinauf. Der Vater starb und auferstand vor Freude, wenn seines Sohnes Weisheit ihn überraschte, und Bojaren und Bauern frohlockten: »Wir werden einen Kaiser bekommen, so weise wie Salomo!«

So ging es zehn, zwölf, vierzehn Jahre lang, bis plötzlich, niemand wusste zu sagen weshalb, der Knabe sich veränderte. Er wurde stiller und stiller, und keiner sah ihn mehr anders als tief in Gedanken versunken. An seinem fünfzehnten Geburtstag jedoch, als der Kaiser mit den Bojaren gerade zu Tische saß, trat er vor den Mächtigen hin und sprach: »Vater, es ist Zeit, dass du dein Versprechen erfüllst und mir gibst, weswegen ich zur Welt gekommen bin.«

Der Kaiser erbleichte und flüsterte: »Wie kann ich dir etwas geben, das auf der lieben weiten Welt noch niemand gesehen, gehört oder geschmeckt hat? Wenn ich es damals versprach, so war es doch nur, um dich zum Schweigen zu bringen.«

»Weh«, rief der Prinz aus, »dann muss ich fort von hier und es selber suchen, das Pfand, für das ich mich zur Geburt entschlossen habe.«

Jetzt fielen die Bojaren auf die Knie und rangen die Hände. Sie flehten Allschön an, sie doch nicht zu verlassen, und sprachen: »Siehe, von heut auf morgen wird dein Vater alt oder stirbt uns gar hinweg. Dann erheben wir dich auf den Großen Stuhl und führen dir die schönste Prinzessin herbei.«

Aber so unerschütterlich, wie ein Felsen auf dem Erdboden beharrt, beharrte Allschön bei seinem Entschluss. Da gaben seine Eltern schweren Herzens den Befehl, ihm die Wegzehrung zu rüsten.

Er aber trat in den Stall und betrachtete die kaiserlichen Hengste. Einem um den anderen stemmte er die Hand in den Rücken, und o Schmach, sie hielten seiner Kraft nicht stand, sondern knickten ein. Schon wollte er umkehren, als sein Blick auf ein zitterndes Pferdchen fiel, das mit Beulen und Schwären bedeckt in einer Ecke stand. Kaum hatte er diesem den Rücken berührt, als es sich blitzgeschwind drehte und ausrief: »Was befiehlst du, mein Herr?« Er presste stärker, aber siehe, es streckte die Beine und stand bolzengerade wie auf vier Kerzen.

Da anvertraute er ihm, was er im Sinne trug, und es antwortete ohne Besinnen: »Um zu finden, weswegen du zur Welt gekommen bist, musst du zuallererst deinen Vater bitten, dir das Schwert und die Lanze, den Bogen und die Pfeile und auch die Kleider zu geben, die er getragen hat, als er jung war. Mich aber musst du sechs Wochen lang mit eigener Hand pflegen, mich waschen mit Morgentau und mir die Gerste in süßer Milch kochen.«

Allschön pflegte das Pferdchen nach seinem Wunsch und Wort und suchte drei Tage und drei Nächte lang, bis er in den Vorratskammern des Vaters Kleider und Waffen gefunden hatte. Die Waffen waren rostig und die Kleider zerrissen, aber er machte sich an die Arbeit und putzte und flickte sie.

Als die Waffen glänzten wie Spiegel und die Kleider wieder ganz waren, schüttelte sich das Pferd und warf die Beulen und Geschwüre von sich wie Schuppen, denn jetzt waren die sechs Wochen herum. Rein wie seine Mutter es geschaffen hatte, stand es vor dem Prinzen, ein großes, feuriges Ross mit sechs Flügeln.

»In drei Tagen reisen wir«, sprach der Knabe, und das Flügelross gab zurück: »Von mir aus schon morgen !«

In der Frühe des dritten Tages saß Allschön mit dem Schwert in der Hand auf dem Pferd seiner Wahl und nahm Abschied von seinen Eltern. Schnell wie ein Wind flog er davon, der Tross konnte ihm nicht folgen. Aber wo die bebauten Äcker aufhörten, wartete er, verteilte die Wegzehrung unter die Knechte und ritt allein weiter, immer nach Osten drei Tage lang. Da kam er auf ein Feld, das über und über mit Menschenknochen bedeckt war.

»Du musst wissen», begann jetzt sein Pferd zu reden, »dass wir im Land der Goanaja sind, der Spechtin mit dem Leib eines Drachen. Sie erschlägt jeden, der hier eindringt, darum die vielen Knochen. In ihrer Jugend war sie ein Weib wie jedes andere, aber sie versagte ihren Eltern den Gehorsam und wurde zur Strafe in Drachengestalt gebannt. Sie hat Kinder, so schön wie die Elfen, bei denen ist sie gerade auf Besuch. Aber sieh dich vor, morgen, wenn wir im Walde jenseits des Knochenfelds sind, wird sie dich erspähen.»

Kein Lüftchen regte sich, als Allschon in den Wald jenseits des Knochenfelds ritt. Aber plötzlich erbebt die Luft wie von Hammerschlägen, die Spechtin saust heran und knickt links und rechts die starken Bäume wie Grashalme. Der Prinz spannt den Bogen, schießt ihr eine Tatze vom Leib und hat schon den zweiten Pfeil zur Hand. Da ruft sie: «Halt, halt, ich tue dir gewiss nichts zuleid», und wie er sie ungläubig anschaut, schreibt sie es auf mit ihrem schwarzen Blut, dass sie ihm Freund ist. Sie nimmt ihn mit heim an ihre Tafel und speist und tränkt ihn.

»Lang lebe dein Pferd«, sagte sie während des Mahles. »Ohne dieses Pferd hätte ich dich gebacken aufgegessen, so aber aßest du mich auf.« Sie beginnt plötzlich zu klagen und zu stöhnen, weil ihre Wunde brennt. Da erbarmt sich Allschön und setzt ihr die Tatze wieder an. Zum Dank will sie ihm eine ihrer drei Töchter geben, die schön wie Feen sind. Er aber sagt ihr rundheraus, dass er keine will. »Ich bin ausgezogen, um Jugend ohne Alter und Leben ohne Tod zu finden.«

»Mit dem Pferd, das dir dient, gelingt es dir vielleicht«, antwortet sie nachdenklich.

Sie beherbergte ihn noch drei Tage lang, dann ritt er davon, immer vorwärts nach Osten, bis zu einem Feld, das aus zwei Hälften bestand. Zur Rechten leuchteten Hunderte von Blumen, zur Linken waren alle Grasspitzen und Kräutlein verbrannt. »Wir sind jetzt im Lande der Scorpia«, sprach das Pferd. »Sie hat den Eltern noch weniger gehorcht als ihre Schwester, und der Fluch liegt noch schwerer auf ihr. Spechtin und Skorpionin können nicht einmal am gleichen Ort wohnen, so zänkisch sind sie. Soeben haben sie wieder gestritten. Die Skorpionin hat die Spechtin verjagt und Feuer und Pech ausgespuckt aus ihren drei Häuptern, darum ist die Wiese auf der einen Seite versengt.«

Wie groß und stark die Skorpionin war, erfuhr der Prinz, als er mit ihr kämpfte. Er traf sie aber dennoch mit seinem Pfeil, schoss ihr ein Haupt ab und zielte schon auf das zweite. Da bat sie um Gnade und schrieb es ihm auf mit ihrem schwarzen Blut, dass sie ihm Freund sei. Sie nahm ihn nach Hause und bewirtete ihn, und weil die Wunde sie brannte, setzte Allschön ihr den abgeschossenen Kopf wieder an. Dann ritt er weiter und kam in ein Land, wo es jahraus, jahrein Frühling war und von tausenderlei Blumen duftete. Das Pferd ließ es aber nicht zu, dass er in das seidige Gras hinab glitt und den bald würzigen, bald milden Blumenduft genoss.

»Merkst du nicht«, tadelte es ihn,»‹dass wir schon ganz nahe am Ort sind, wo ›Jugend ohne Alter und Leben ohne Tod‹ ihren Palast hat? Nur der Wald trennt uns noch, der hinter dem Frühlingsland steht.«

Das Pferd wusste jedoch, dass dies kein Wald wie ein anderer war. »Er ist von Tieren erfüllt, wie du noch keine gesehen hast, wild und gierig und stark, und nie befällt diese Tiere auch nur für einen Augenblick der Schlaf. Du irrst, wenn du glaubst, unbemerkt hindurchschlüpfen zu können. Nur in der Höhe liegt dein Heil, himmelhoch müssen wir uns erheben über sie.«

Am Waldrand hielten Ross und Reiter Rast und stärkten sich.

Nach drei Tagen wollte das Pferd eine Probe machen und sehen, wie hoch Allschön sich erheben konnte. »Zieh mir aus allen Kräften den Sattelgurt fest«, ermunterte es ihn. »Dann steige auf, zwinge deine Schenkel um meinen Leib und halte dich fest an meiner Mähne.«

Allschön tat es, und mit mächtigem Flügelschlag erhob sich das Ross. Da bemerkte es, dass soeben alle Tiere nach der Mitte des Waldes liefen, wo ›Jugend ohne Alter und Leben ohne Tod‹ ihren Palast hatte. Die Herrin stand auf der Treppe und lockte ihre Tiere mit fettem Futter heran.

»Vorwärts«, rief jetzt das Pferd, »der rechte Augenblick ist gekommen, ergreif ihn, mein Prinz!«

»Möge Gott sich meiner erbarmen«, sprach Allschön, »vorwärts!«

Sie stiegen höher und höher, und jetzt erblickte auch Allschön den Palast. Sprühte er Funken? Der Prinz musste die Augen schützen, denn wenn einer auch in die Sonne schauen könnte, den Glanz dieses Palastes ertrüge er doch nicht. Jetzt ließ sich das Pferd langsam nieder. Aber als sein Huf den ersten Baumwipfel berührte, dröhnte der Wald, als tobe eine Schlacht. Die Löwen brüllten und die Tiger fauchten, die Wölfe heulten, die Geier kreischten. Der Prinz musste seinen Mut zwischen die Zähne nehmen, denn sein Haar sträubte sich. Er hörte, wie die Herrin alle wilden Bestien mit sanfter Stimme zu sich rief: »Kommt, liebe Kinder! Her zu mir, meine Küken!«

Da schmiegten sich die Vordersten zahm wie die Rehe an ihr Knie, und keines bemerkte, wie das Flügelpferd seinen Reiter unversehrt vor der Palasttreppe absetzte. Aber die leuchtende Fee sprach zu Allschön: »Was suchst du hier?«

Sie ließ ihren Blick voll Mitleid auf ihm ruhen und hielt die Tiere von ihm ab.

»Was ich suche, ist ›Jugend ohne Alter und Leben ohne Tod‹.«

»Dann bist du am rechten Ort, ich stehe vor dir.«

Sie reichte ihm die Hand und führte ihn in den Palast hinein. Dort waren ihre beiden Schwestern, und auch sie empfingen ihn freundlich. Aus Freude über seine Ankunft bereiteten sie ein

Mahl und trugen es in lauter goldenen Töpfen zu Tisch. Auch an das Pferd dachten sie, und es durfte weiden, wo immer es wollte, denn keines der wilden Tiere war ihm mehr feind. Löwe wie Lurch, Büffel wie Wolf, Geier und Sperber waren dem Prinzen und seinem Pferd wohlgesinnt.

Tags darauf sagten die Feen zu Allschön: »Bleibe doch immer bei uns«, denn schon schien das Leben ihnen fahl ohne die Gesellschaft eines Menschen. Er aber sagte zu ›Jugend ohne Alter und Leben ohne Tod‹: »Deinetwillen bin ich auf die Welt gekommen, deinetwillen habe ich Vater und Mutter verlassen. Wie sollte ich etwas anderes wünschen, als immer bei dir zu bleiben?«

Da hielten sie Hochzeit, und die Frauen erlaubten ihm nun, überall frei herumzugehen. »Es gibt nur ein einziges Tal, das du meiden musst. Dies ist das Tal des Weinens. Betritt es niemals, denn es brächte dir Schmerzen.« Leichten Herzens versprach er es ihnen.

Von nun an lebte Allschön in Frieden und Freude und merkte nicht, dass die Zeit verging. Wie hätte er es auch merken sollen, dass sie weiterfloss, die liebe Zeit? Wie die Frauen, so blieb auch er selbst immer jung und heiter und so stark wie am Tag seiner Ankunft. Es gab nichts, worüber er sich den Kopf zerbrechen musste. Er freute sich seiner sanften Gemahlin und ritt ohne Sorgen auf die Jagd, er ergötzte sich an den blühenden Gärten und wurde erquickt durch die reine, vom Gesang der Vögel widerhallenden Luft. Am Morgen zog er mit Pfeil und Bogen in die Weite, und abends kehrte er ruhigen Gemüts wieder zurück zu den drei Frauen.

Aber eines Tages verfolgte er einen Hasen ungestümer als sonst. Er schoss und traf ihn nicht, schoss abermals und verfehlte ihn wieder. Jetzt ärgerte er sich, schoss den dritten Pfeil ab, und mit diesem traf er. Aber o Jammer, in seiner Ungeduld hatte er nicht auf den Weg geachtet, und wie er jetzt den Hasen aufhob und sich umblickte, befand er sich im Tal des Weinens. Sogleich kehrte er um, aber was halfs? Schon schnürte sich ihm die Kehle zusammen, und von Kopf zu Fuß brannte ihn ein verzehrender Durst nach Vater und Mutter und dem Land, wo er ein Kind gewesen war. Er stürzte davon und langte tränenüberströmt im Palast an.

»Unglücklicher«, riefen die Frauen, »wo kommst du her? Wehe, du bist im Tal des Weinens gewesen!«

Helle Tränen stürzten ihm aus den Augen. »Ich weiß nicht mehr, was ich will«, rief er verzweifelt.

»Versuche zu vergessen«, flehte Jugend ohne Alter und Leben ohne Tod ihn an, aber der Prinz wurde immer betrübter und schließlich sagte er:

»Ja, ihr Geliebten, ich bin im Tal des Weinens gewesen, aber ohne es zu wollen. Jetzt vergehe ich vor Durst nach Vater und Mutter und ertrage es doch auch nicht, ohne euch zu sein, ihr Schwestern. Ich verweile ja wohl schon drei oder gar zweimal drei Tage bei euch, und noch immer gefällt es mir so gut wie in der ersten Stunde. Erlaubt mir nur eines, lasst mich noch ein einziges Mal meine Eltern sehen, dann kehre ich schnell wie der Wind zu euch zurück und verlasse euch nie mehr.«

Die Frauen entsetzten sich und beschworen ihn, davon abzustehen. »Deine Eltern sind seit Hunderten von Jahren tot, und auch du musst sterben, wenn du uns verlässt.«

Ihr Bitten und Flehen war umsonst, und auch das Pferd richtete mit seiner Ermahnung nichts aus. Zuletzt sagte es zu ihm: »Wenn du nicht hören willst, Herr, so wisse, dass du an allem, was geschieht, selber schuld bist. Zwar diene ich dir gleichwohl, aber ich stelle eine Bedingung.«

»Schnell sprich sie aus! Ich erfülle dir alles, nur trag mich zurück ins Land meiner Eltern.«

»Ich tue es, aber sobald wir angelangt sind, kehre ich um, und wenn du klug bist, so kommst du mit.«

Allschön hörte nur halb hin. Schon umarmte er die Frauen und nahm von ihnen Abschied. Während sie seufzend und in Tränen gebadet winkten, ritt er davon. Im Galopp erreichte er den Ort, wo die Skorpionin gehaust hatte. Aber was war das? Sah er recht? Jetzt standen hier große Städte, und die Wildnis war in fruchtbare Äcker verwandelt. Überall arbeiteten Menschen, und Allschön jagte von einem zum anderen. Jeden frug er, wo denn die Skorpionin sei? Dann erhielt er zur Antwort, die Großmutter erinnerten sich zwar, dass ihre Urgroßmütter sich mit dem Märchen von der Skorpia unterhalten hätten, sie selber aber wüssten nichts mehr davon.

»Wie kann das sein?« rief er aus. »Noch gestern oder vorgestern ritt ich hier vorbei und schoss der Drachin einen ihrer drei Köpfe vom Leib!«

Da lachten sie über ihn wie über einen Narren, und er gab dem Pferd zornig die Sporen. Dass Haare und Bart ihm ergrauten, merkte er nicht.

Im Reich der Spechtin erging es ihm ebenso. Dieselben Fragen und dieselben Antworten und lachenden Reden. Er schüttelte den Kopf und konnte es nicht fassen, dass in so kurzer Zeit sich alles verändert hatte. Jetzt aber bemerkte er, dass ein schlohweißer Bart ihm bis auf den Gürtel fiel. Er jagte weiter, und endlich, endlich erreichte er das Reich seines Vaters und den Palast, wo er zur Welt gekommen war. Als er abstieg, zitterten seine Glieder, und er sah, dass sie welk und schwach geworden waren. Das Pferd küsste ihm die Hand und sprach: »Herr, ich kehre zurück, von wo ich gekommen bin. Wolle Gott, dass du mich begleitest.«

Er aber erwiderte: »Geh nur ein wenig voraus, Bester, und im Handumdrehen folge ich dir nach.«

Da sagte das Pferd nichts mehr, breitete seine Flügel aus und entschwand seinem Blick.

Jetzt sah der Prinz, dass sein Vaterhaus zerfallen war, und er stöhnte laut auf. Zwei- und dreimal verirrte er sich zwischen Gesträuch und Unkraut und konnte den Hof, wo er gespielt, den Stall, wo er sein Pferd gepflegt hatte, nicht wiedererkennen. Zuletzt fand er den Zugang zu einem Keller und stieg hinab. Tastend wankte er von einem Winkel zum andren und hoffte, wenigstens auf einen bekannten Stein, einen vertrauten Balken zu stoßen. Sein schneeweißer Bart fiel ihm jetzt bis auf die Knie herab, und seine Augenlider waren so schwer, dass er sie mit den Fingern hochhalten musste. Plötzlich stieß sein Fuß gegen eine Truhe. Er betrachtete sie und hob mühsam ihren Deckel auf. Sie war leer. Dann schob er auch den Schieber zum Seitenlädchen zurück, und jetzt erscholl eine hohle Stimme: »Saumseliger, bist du endlich da?«

Der also sprach, war des Prinzen Tod. Zusammengekrümmt lag er im Seitenlädchen der Truhe, und in der langen Zeit war er ausgetrocknet wie eine dürre Birne im Frühling. Jetzt reckte er sich und sprach: »Wie lange glaubtest du, dass ich noch warte? Bald wäre ich vor Langeweile noch selber gestorben!«

Unbeholfen stand er auf, holte aus und versetzte Allschön einen leichten Schlag. Da sank der Prinz zu Boden, und heraus war er aus der Schar der Lebendigen. Im selben Augenblick zerfiel sein Leib zu einem Häuflein Asche, und die Asche verwehte nach allen vier Richtungen des Himmelszelts.

Ich aber hab mich auf mein Pferdchen geschwungen
Und vor euch das Märchen von Allschön gesungen.

Dieses rumänische Märchen scheint deutlich unsere Zeit widerzuspiegeln, denn heute wird dem Menschen tatsächlich von allen Seiten »Jugend ohne Alter und Leben ohne Tod« suggeriert. Die Werbung zaubert uns eine Welt von jugendlicher Lebenskraft und Dynamik vor. Kosmetikbranche und plastische Chirurgie kommen diesem Bedürfnis entgegen, äußere Alterserscheinungen so weit wie möglich zu vertuschen. Die pharmazeutische Industrie bietet Pillen und Pulver an, mit denen man jeden Schmerz und jede unangenehme Empfindung unterdrücken kann. Und obwohl der Tod täglich in den Medien marktschreierisch anwesend ist, wird heutzutage die Thematik des Sterbens und des Todes, sobald sie auf einen persönlich bezogen ist, peinlich vermieden und ignoriert.

Am Anfang dieses Märchens stellt ein Greis die Frage: *Willst du dem Leben deinen Willen aufzwingen?* Einen Willen, der das Leben in die Zwangsjacke der Illusion hineinpresst: in ein Dasein, in dem ausschließlich Platz für Jugend, Vitalität und einen schönen, gesunden Körper ist, zu dem also Krankheit, Gebrechlichkeit, Alter und Tod keinen Zugang haben.

Der tiefe Widerspruch in diesem Märchen besteht darin, dass das Kind, dessen eigene Kindheit und Jugend unglaublich rasch vorübergehen, seinen Vater um eine Jugend ohne Alter und ein Leben ohne Tod bittet. *Was andere in einem Jahr lernten, lernte es in einem Monat, und bald wusste es alles bis zum Mond und zur Sonne hinauf.*

In unserer heutigen Gesellschaft, die die Jugend anbetet, schaffen die Erwachsenen eine Umgebung für die Kinder, in der sie immer weniger wirklich Kind sein können. Mit allen Mitteln wird versucht, sie vorzeitig aus ihrer Kinderwelt zu werfen und in die Erwachsenenwelt hereinzuzerren. Kindergartenkinder sollen möglichst schon schreiben, lesen und rechnen lernen. Fernsehen, Computerspiele und phantasietötendes Spielzeug sind selbstverständliche Einrichtungsgegenstände des Kinderzimmers. So nimmt man dem Kind die Möglichkeit, in aller Ruhe und Harmonie eine gesunde Grundlage für das spätere Erwachsensein und Alter zu schaffen. Denn nur ein Kind, das spielt, seine Phantasie auslebt und Möglichkeiten des Staunens hat, entwickelt eine kreative Lebenshaltung.

Die Tragik, die das Märchen schildert, liegt darin, dass der Mensch übersieht, dass die Grundlagen für ein sinnvolles Leben und ein fruchtbares Alter in der Kinderzeit geschaffen werden. Rudolf Steiner hat auf diesen verborgenen Zusammenhang zwischen Jugend und Alter hingedeutet. Er weist darauf hin, »dass der Mensch, der in seiner Kindheit beten lernte, im Alter die Fähigkeit habe, zu segnen; er ist für seine Umwelt dann zum Segen geworden.«[14] Gerade weil der Prinz keine Gelegenheit bekommt, seine Kinderzeit voll auszuleben, hält er krampfhaft an der Jugend fest, so dass das Alter unfruchtbar wird. Ein zwölfjähriger Junge aus Mosambik, dessen Kindheit zerstört wurde, weil er im Guerillakrieg kämpfen musste, sagte einmal: »Wenn ich groß bin, werde ich Kind werden.«

Auf dem Weg zum Reich der Jugend zieht der Prinz erst durch eine Ebene, die von Knochen übersät ist, und danach durch eine, die zur Hälfte vollkommen versengt ist, schließlich durch einen Wald, in dem wilde Tiere leben, die jedes Lebewesen, das sich in ihre Nähe wagt, zerreißen. Es ist, als ob der Jüngling auf seiner Reise zur illusionären Welt bereits im Voraus mit den Folgen seiner Wahl konfrontiert wird. Seine Sehnsucht nach der ewigen Jugend führt zum Tod, zur Zerstörung seiner inneren Möglichkeiten. Das Verlangen, die Jugend festhalten zu wollen, führt zum Stillstand, zum inneren Sterben, weil sich seelische Fähigkeiten so nicht entwickeln können. Einmal im Land der Jugend angelangt, verändert sich der Prinz nicht mehr, es ist, als ob die Zeit stillstehen würde: *Er merkte nicht, dass die Zeit verging.* Erst im Tal des Weinens findet er wieder zu sich selbst. Seine wirklichen Gefühle steigen nun in ihm auf: Verzweiflung, innere Zerrissenheit und tiefe Sehnsucht nach Vater und Mutter. Der Gedanke, von der Jugend Abschied nehmen zu müssen, ist ihm unerträglich. Der einzige Rat, den Jugend ihm geben kann, lautet: *Versuche zu vergessen.* Wird heutzutage dieser Ratschlag nicht von allen Seiten und in verschiedenster Weise erteilt? Beruhigungsmittel, Drogen und Alkohol, alle Formen der Zerstreuung sind die Instrumente.

Im Tal des Weinens gerät der Prinz wieder in Bewegung. Er wird nun mit den Folgen seines krampfhaften Verlangens nach Jugend konfrontiert. Auf dem Heimweg verwandelt er sich in kurzer Zeit in einen steinalten Mann. Zu guter Letzt ist der Wunsch, die Eltern wiederzusehen, doch stärker als das Verlangen, ins Reich der Jugend zurückzukehren. Erst dadurch wird der Zauber gebrochen, und er hat wiederum Anteil an der menschlichen Entwicklung. Endlich begegnet er dem Tod, dem er ein Leben lang versucht hat zu entgehen.

Wenn wir an etwas krampfhaft festhalten, bedeutet das eine Gefahr für unser seelisches Wachstum. Lassen wir das Sterben in unserem Leben nicht zu, so stirbt die Möglichkeit zur inneren Entwicklung. Schon mit der Geburt, wenn das Kind die Hülle der Mutter verlassen muss, tritt der Tod ins menschliche Leben hinein. Der Säugling stirbt im Kleinkind, das Kind im Jugendlichen, der Jugendliche im Erwachsenen und der Erwachsene im alten Menschen. Jedes Sterben im Lebenslauf hat mit Abschiednehmen zu tun: von der Jugend, vom Arbeitsplatz, der vertrauten Wohnumgebung beim Umzug, von den eigenen Kindern, von einer Beziehung bei Scheidung oder Tod.

Noch aus einem anderen Grund ist das rumänische Märchen hochmodern, denn es zeigt uns die Folgen eines Menschenbildes, das den Körper als einzige Realität anerkennt. Der Pathologe und Anatom Rudolf Virchow sagte: »Ich habe Tausende von Leichen seziert, aber keine Seele darin gefunden.« Im gleichen Sinne äußerte sich der Kosmonaut Yuri Gagarin: »Ich bin Gott im Weltraum nirgends begegnet.« Die menschliche Existenz wird in unserer Zeit ausschließlich auf materielle Prozesse, die sich hier und jetzt abspielen, reduziert. Nur das äußerlich Wahrnehmbare, das, was man messen, wiegen und zählen kann, wird als Realität anerkannt. Bewusst oder unbewusst leben wir noch immer mit dem Bild des Menschen als einer Maschine, was sich in den populären Bildern ausdrückt: das Herz als Pumpe, das Gehirn als Computer, der Stoffwechsel als Motor usw.

Dieses tief in unserer Kultur verankerte mechanistische Menschenbild prägt konsequenterweise auch das Erleben des Älterwerdens. Eine Maschine verliert immer mehr an Wert, bis sie schließlich abgeschrieben und von einer neuen ersetzt wird. Es sollte uns somit nicht wundern, wenn ältere Menschen sagen: »Ich habe das Gefühl, abgeschrieben zu sein und zum Alteisen zu gehören.« Krankheit, Schmerz, Behinderung, Altern und Sterben werden als »Betriebsstörungen« betrachtet, die man möglichst bald beheben, wenn nicht gar überhaupt vermeiden und unterdrücken sollte. Auf diese Weise wird der Mensch zum Produktionsfaktor entwürdigt, der immer mehr an Wert einbüßt und den man loswerden muss, wenn er nicht mehr genügend einbringt. Aus diesem verstümmelten Menschenbild heraus werden ältere und alte Menschen nur noch als finanzielles Problem gesehen. Diese meinen schließlich auch selbst, dass sie nicht mehr mitzählen und dass sie vor allem nicht anspruchsvoll sein dürfen.

Schließlich ist ein solches Menschenbild nicht nur eine Bedrohung für den älter werdenden Menschen, sondern auch für Kranke, Behinderte und alle Menschen, die von der Fürsorge anderer abhängig sind. Die Gefahr dieser Entwicklung wird von dem Medizinethiker Jan Rolies geschildert.[15]

Neulich konnte man in Bus und Straßenbahn folgenden Slogan lesen: *Jung, schnell und wild. So möchtest du doch auch sein?* Obwohl ich intuitiv »nein« murmelte, stimmte diese Werbeschlagzeile mich nachdenklich. Im Fernsehen sah ich einen Werbefilm ähnlicher Machart. Hier werden bestimmte Qualitäten zum Bild menschlicher Vollkommenheit hochstilisiert. Das wollen wir einmal näher betrachten.

Jung. Es gab eine Zeit, in der Jungsein eine biologisch-psychologisch-soziologische Kategorie war, die sich auf eine bestimmte Altersgruppe bezog. Heutzutage ist Jungsein ein künstliches Lebensideal ohne biologische Begrenzung. »Du sollst jugendlich bleiben«, lautet das oberste Gebot. Der Jugendlichkeit als Ideal nachzustreben heißt aber, sich einer Illusion hinzugeben, sich zu weigern, seine Verantwortlichkeiten als Erwachsener wahrzunehmen, und den Gedanken ans Sterben weit von sich zu schieben. Die weiteren Lebensstufen des Erwachsenseins und des Alters werden als sinn- und wertlos abgetan.

Schnell. Schnelligkeit gehört zu den markantesten Charakteristika unserer Zeit. Wir wollen schnell und wie im Rausch leben, von einer Erfahrung zur nächsten hasten, von einem Fernsehprogramm zum anderen »zappen«, uns von Fastfood ernähren usw. Das Leben ist so kurz, dass Stillstand wie Sterben empfunden wird. Intensives Erleben wird in Geschwindigkeit und schnellen Rhythmen gesucht.

Wild. Hier geht es nicht um eine Art Sehnsucht nach dem »guten Wilden« als Reaktion gegen unsere technokratische Zivilisation, ganz im Gegenteil, es dreht sich um den Stadtmenschen, der erst nachts im Licht von Neonlampen und Scheinwerfern auflebt. Wildheit ist den Idealen der Bürgerlichkeit, wie Nüchternheit, maßvolle Vernunft, Beherrschung und Sicherheit entgegengesetzt. Wild leben bedeutet vielmehr: Grenzerlebnisse suchen, gefährlich leben, Risiken eingehen und den Tod herausfordern.

So möchtest du doch auch sein? Die drei Eigenschaften bilden gemeinsam einen spezifischen »Turbo-Lebensstil«, der ein wenig an Nietzsches dionysische Antimoral erinnert. So möchtest du auch sein? Nein. Für mich ist das ein zu gefährlicher Lebensstil, der Tote fordert. Ist das Leben eine Art Konsumartikel, den man durch Einnahme einer Euthanasiepille geräuschlos beenden kann? Wie ist es, wenn das Leben nicht mehr mit Schnelligkeit und Wildheit einhergeht, sondern mit Passivität und Siechtum? Dieser uns von der Werbung aufgezwängte Lebensstil ist eine Lüge. Zu viele Lebensrealitäten werden nicht berücksichtigt.

Wer nicht nach diesem jungen, schnellen und wilden Stil lebt, wird zur

Seite geschoben. In dieser Welt ist kein Platz für Rollstuhlfahrer, Schwachbegabte, dicke oder vergessliche oder alte Menschen. Ist es Zufall, dass das Chanel-Parfüm für Männer »Égoïste« heißt? In unserem Zeitalter gehört es zum guten Ton, sich egozentrisch und egoistisch zu verhalten, ohne dabei Scham- oder Schuldgefühle zu haben. Wichtig ist nur noch: sich die begehrten Markenartikel leisten können, sehen und gesehen werden und im Besitz eines schönen Körpers sein. Diese junge, schnelle und wilde Welt ist eine unmenschliche Welt.

Ein weiterer Aspekt des Altwerdens wird in dem kurzen Märchen der Brüder Grimm *Der alte Großvater und der Enkel* dargestellt.

Es war einmal ein steinalter Mann, dem waren die Augen trüb geworden, die Ohren taub, und die Knie zitterten ihm. Wenn er nun bei Tische saß und den Löffel kaum halten konnte, schüttete er Suppe auf das Tischtuch, und es floss ihm auch etwas wieder aus dem Mund. Sein Sohn und dessen Frau ekelten sich davor, und deswegen musste sich der alte Großvater endlich hinter den Ofen in die Ecke setzen, und sie gaben ihm sein Essen in ein irdenes Schüsselchen und noch dazu nicht einmal satt; da sah er betrübt nach dem Tisch, und die Augen wurden ihm nass. Einmal auch konnten seine zitterigen Hände das Schüsselchen nicht festhalten, es fiel zur Erde und zerbrach. Die junge Frau schalt, er sagte aber nichts und seufzte nur. Da kaufte sie ihm ein hölzernes Schüsselchen für ein paar Heller, daraus musste er nun essen. Wie sie da so sitzen, so trägt der kleine Enkel von vier Jahren auf der Erde kleine Brettlein zusammen. »Was machst du da?« fragte der Vater. »Ich mache ein Tröglein«, antwortete das Kind, »daraus sollen Vater und Mutter essen, wenn ich groß bin.« Da sahen sich Mann und Frau eine Weile an, fingen endlich an zu weinen, holten alsofort den alten Großvater an den Tisch und ließen ihn von nun an immer mitessen, sagten auch nichts, wenn er ein wenig verschüttete.

In den Seminaren hört man öfters die Bemerkung: »Hauptsache ich bleibe gesund« oder »wenn ich bloß nicht von anderen abhängig werde«, zuweilen mit der Ergänzung »dann möchte ich nicht mehr weiterleben«. Manchmal meldet sich in einem solchen Augenblick jemand, der gelernt hat, mit einer Krankheit oder Behinderung zu leben. Der Beitrag gibt dem Gespräch eine positive Wendung, weil er aus eigener Erfahrung schildert, dass Krankheit oder Behinderung trotz Schmerz und Sorgen dem Menschen auch etwas schenken kann. Ein solcher Mensch erzählt von einer schlummernden Kraft, die er in Zeiten der Not in sich selbst oder in seinem Lebenspartner entdeckt hat. Sachen, die ihm früher wichtig waren, verlieren an Bedeutung, stattdessen treten neue Lebensqualitäten in den Vordergrund. Er legt mehr Wert auf kleine Dinge, die er früher nicht beachtete.

Die Auseinandersetzung mit dem Alter, den Gebrechen und dem körperlichen Abbau wird durch die Angst erschwert, von anderen abhängig zu werden, die Freiheit zu verlieren oder schließlich in ein Alters- oder Pflegeheim »abgeschoben« zu werden. In den letzten Jahren verstärkt sich die Auseinandersetzung über das Recht eines jeden Menschen, sein Leben auf eine würdige Weise zu beenden, wenn er selbst der Ansicht ist, dass sein jetziger Zustand ein menschenwürdiges Weiterleben nicht länger zulässt. Wir sollten uns aber ernsthaft fragen, ob nicht durch Eingriffe wie Euthanasie oder Selbsttötung der menschlichen Entwicklung Gewalt angetan wird, ob vielleicht dadurch wichtige Früchte des Lebens nicht zur Reife kommen können und dem Menschen womöglich ganz und gar geraubt werden?

Elisabeth Kübler-Ross gibt einem ihrer Bücher den Titel *Reif werden zum Tode.*[16] Schon der Titel bringt ihre Überzeugung zum Ausdruck, dass im Menschenleben inneres Wachstum und geistige Entwicklung bis zuletzt möglich sind. Häufig ereignen sich noch in den letzten Tagen und Stunden vor dem Sterben wichtige innere Schritte. Dies gilt generell für das Alter. Wenn ein Mensch mit einem gebrechlichen Körper leben muss und diesen zu akzeptieren lernt, so kann das zur geistigen Vertiefung führen. In den vielen Veröffentlichungen über Euthanasie und das Recht, selbst zu bestimmen, wann man seinem Leben ein Ende setzt, fällt auf, dass der Tod ausschließlich vom irdischen Standpunkt aus betrachtet wird. Wenn man aber das Alter als diejenige Lebensphase betrachtet, in der der Geist sich allmählich vom physischen Körper löst, um nach dem Tod zu einem neuen geistigen Dasein geboren zu werden, so wird deutlich, dass Euthanasie der geistigen Entwicklung eines Menschen Gewalt antut.

Im Herbst wollte ich in meinem Garten die dürren braunen Reste der Stockrosen wegschaffen. Da sah ich auf einmal, dass die Stängel ganz oben noch Knospen trugen, von denen einige aufgehen wollten. Obwohl die Blätter vertrocknet und braun waren und die Pflanzen völlig abgestorben schienen, war also doch noch Leben in ihnen. Bis in den November hinein haben die dürren Stängel Blüten getragen, die dem herbstlichen Garten eine fröhliche Note gaben. Seitdem ist für mich die Stockrose ein eindrucksvolles Sinnbild dafür, dass das Menschenleben bis zur Todesstunde »Blüten und Früchte« hervorzubringen vermag, die über die Schwelle des Todes getragen werden.

Wer nur die Stadien der Raupe und der Puppe kennt, kann sich gar nicht vorstellen, dass aus der Puppe ein Schmetterling schlüpfen wird. Erst wer um die Entwicklungsstadien der Raupe und Puppe weiß, versteht das Wesen des Schmetterlings wirklich. So auch können wir das Wesen des Menschen in seiner Ganzheit erst wirklich überblicken, wenn wir die aufeinander folgenden Phasen als Werdegang von der Geburt bis zum Tod und zu einer neuen Geburt des Geistes verstehen.

Welche Auswirkung haben Eingriffe wie Euthanasie oder Selbsttötung auf die Entwicklung des Menschen, wenn wir sie im Licht der Erkenntnis betrachten, dass der menschliche Geist über den physischen Tod hinaus weiterlebt? Löst die gewaltsame Beendigung des körperlichen und psychischen Leidens vielleicht ein noch größeres geistiges Leiden, nicht nur für den Verstorbenen, sondern auch für die Hinterbliebenen und die gesamte soziale Umgebung aus?

Floris Reitsma zitiert in seinem Artikel *Der Sinn des Älterwerdens*[17] in diesem Zusammenhang Rudolf Steiners Worte: »Wir sind im heutigen Zeitraume schon sehr, sehr nahe daran, dass die Menschen in die furchtbarsten Irrtümer gerade mit Bezug auf das Gesagte [das Altwerden] verfallen. Auch Gutmeinende verfallen leicht in Bezug auf das Gesagte in solche Irrtümer. Und diese Irrtümer werden immer größer und größer werden und mit zunehmender Erdenentwicklung eben riesig werden können.«

»Als eine Dame beim Anblick einer Schwerkranken, die gelähmt im Bett lag und gefüttert werden musste, voller Mitleid sagte, es wäre doch gut, wenn die Ärmste bald erlöst werden würde, erwiderte Rudolf Steiner darauf sehr ernst: *Keineswegs, jede Stunde, die sie auf Erden lebt, ist wichtig für die ganze Menschheit.*«[18]

Die flämische Schriftstellerin Monika van Paemel schreibt zu diesem Thema folgendes: »In der westlichen Welt lebt der Mythos vom Menschen, der ewig jung, gesund und glücklich bleibt. In den Vereinigten Staaten nimmt diese Verherrlichung mitunter absurde Dimensionen an. Menschen versuchen auf jede mögliche Weise ihr Alter zu ignorieren. Aber eigentlich weiß jeder um die Wahrheit. Der Mensch wird jeden Tag älter. Sterben geschieht heutzutage hinter den weißen Wänden des Krankenhauses. Der todkranke Mensch wird ohne seine Einwilligung ruhig gestellt, so dass er nicht einmal weiß, dass er im Sterben liegt. Nur wer im Voraus Maßnahmen für seine Sterbestunde getroffen hat, darf auf eine normale Weise sterben. Sollte die Reihe an mich kommen, möchte ich, wenn es möglich ist, bei vollem Bewusstsein sterben. Ärzte, Krankenschwestern und Therapeuten rauben dem Menschen seine Emotionen. Ich protestiere dagegen. Warum dürfen wir nicht weinen, wenn wir Schmerzen haben?«

Eine afrikanische Autorin berichtet von einer Frau, die im Begriff war Selbstmord zu verüben, indem sie sich in einen Fluss stürzen wollte. Die Dorfbewohner, die sie beobachtet hatten, rannten ihr hinterher, packten sie und gaben ihr eine ordentliche Tracht Prügel: »Bist du ganz von Sinnen«, riefen sie, »dein Leben gehört dir nicht alleine, es gehört auch uns. Wenn du Probleme hast, musst du diese mit uns klären und nicht mit dem Wasser!«[19]

Der alte Garten

Kaiserkron und Päonien rot,
Die müssen verzaubert sein,
Denn Vater und Mutter sind lange tot,
Was blühn sie hier so allein?

Der Springbrunnen plaudert noch immerfort
Von der alten schönen Zeit,
Eine Frau sitzt eingeschlafen dort,
Ihre Locken bedecken ihr Kleid.

Sie hat eine Laute in der Hand,
Als ob sie im Schlafe spricht,
Mir ist, als hätt ich sie sonst gekannt -
Still, geh vorbei und weck sie nicht!

Und wenn es dunkelt das Tal entlang,
Streift sie die Saiten sacht,
Da gibt's einen wunderbaren Klang
Durch den Garten die ganze Nacht.

Joseph von Eichendorff

Die Weisheit der Volksmärchen

Die uralte Weisheit der Volksmärchen kann uns Kostbares über Sinn, Ziel und Wert des Altwerdens erzählen. Ihre Bilderwelt stellt ein heilsames Gegengewicht zu den gängigen Meinungen und Vorurteilen über alte Menschen dar. Es geht mir keineswegs darum, das Alter zu idealisieren oder zu romantisieren; Märchenbilder deuten aber auf die Kraftquelle hin, die jeder alternde Mensch in sich hat. Einem ersten Bild dieser Art begegnen wir in dem Grimmschen Märchen *Das Wasser des Lebens:*

Es war einmal ein König, der war krank, und niemand glaubte, dass er mit dem Leben davonkäme. Er hatte aber drei Söhne, die waren darüber betrübt, gingen hinunter in dem Schlossgarten und weinten. Da begegnete ihnen ein alter Mann, der fragte sie nach ihrem Kummer. Sie sagten ihm, ihr Vater wäre so krank, dass er wohl sterben würde, denn es wollte ihm nichts helfen. Da sprach der Alte. »Ich weiß ein Mittel, das ist das Wasser des Lebens, wenn er davon trinkt, so wird er wieder gesund: es ist aber schwer zu finden.«

Der alte Mann nimmt den Kummer der drei Prinzen wahr und stellt daraufhin eine Frage. Dadurch können die Prinzen ihm ihr Herz ausschütten. Der Alte ist nun imstande, sowohl sein Wissen und seine Erfahrung mit ihnen zu teilen, nämlich dass es ein Heilmittel für den König gibt, als auch die Prinzen vom lähmenden Schmerz und der Verzweiflung zu befreien. Dieser hoffnungsvolle Impuls geht also von einem alten Mann aus. Er appelliert an den Willen der Jünglinge, so dass sie sich mit frischem Mut auf den Weg begeben können.

Im *Teufel mit den drei goldenen Haaren* der Brüder Grimm verirrt sich das Glückskind im Wald:

In der Dunkelheit sah er ein kleines Licht, ging darauf zu und gelangte zu einem Häuschen. Als er hineintrat, saß eine alte Frau beim Feuer ganz allein. Sie erschrak, als sie den Knaben erblickte, und sprach: »wo kommst du her und wo willst du hin?«

Die alte Frau wirkt wie ein Lichtblick in der Finsternis. Der Junge kommt an einen Ort, wo Licht und Wärme ist. Die Frau stellt ihm eine existentielle Frage, die sich sowohl auf die Vergangenheit als auch auf die Zukunft bezieht. Dank dieser Frage kann der Junge vom Ziel seiner Reise erzählen. In der Hölle begegnet das Glückskind der Großmutter des Teufels. Auch sie stellt eine Frage: *Was willst du?* Die alte Frau hilft dem Jungen beim Erwerb der drei goldenen Haare des Teufels und bei der Lösung der drei Rätsel. Mit den erhaltenen Antworten kann der Junge die Welt von einer dreifachen Verzauberung erlösen: Erstarrung, Dürre und Austrocknung. Auch hier sehen wir, dass das Stellen von Fragen neue Kräfte auslöst.

Auch in dem russischen Märchen *Die Feder von Finist, dem lichten Falken*[20] ist es ein alter Mann, der die kostbare Feder besitzt und offensichtlich um den großen Wert weiß, den auch Kleines und Unscheinbares haben kann. Diese Feder gibt den Anstoß für den zukünftigen Entwicklungsweg des Mädchens. Auf ihrer Suche nach dem Falken begegnet das Mädchen nacheinander drei alten Frauen:

Sie wanderte und wanderte. Das erste Paar Schuhe war bereits durchgelaufen, der erste Wanderstab zerbrochen und die erste Oblate aus Stein aufgenagt; sie kam zu einem Häuschen und klopfte an: »Herr Wirt und Frau Wirtin! Gewährt mir Obdach mitten in der dunklen Nacht!« Ein altes Weiblein antwortet: »Sei willkommen, schöne Jungfrau! Wohin des Wegs, meine Liebe?« – »Ach, Großmütterchen, ich suche Finist, den lichten Falken.« – »Nun, schöne Jungfrau, dann hast du noch einen weiten Weg vor dir!« Am nächsten Morgen sagte die Alte: »Geh jetzt zu meiner mittleren Schwester, sie wird dir einen guten Rat geben; hier hast du mein Geschenk: ein silbernes Spinnrädchen und ein goldenes Spinnstöckchen; wenn du die Kunkel verspinnst, wickelst du einen goldenen Faden auf.« Dann nahm sie ein Knäulchen, warf es auf die Erde und befahl ihr, ihm überallhin zu folgen: Das Knäulchen rollt, das Mädchen folgt! Die Jungfrau dankte der Alte und ging dem Knäulchen nach.

Ob sie lange wanderte oder kurz, das zweite Paar Schuhe war durchgelaufen, der zweite Stab zerbrochen und noch eine Oblate aus Stein aufgenagt; endlich rollte das Knäulchen auf ein Haus zu. Sie klopfte an: »Ihr guten Menschen! Gewährt einer schönen Jungfrau Obdach mitten in der dunklen Nacht!« – »Sei willkommen!« antwortet ein altes Weiblein. »Wohin des Weges, schöne Jungfrau?« – »Ach, Großmütterchen, ich suche Finist, den lichten Falken.« – »Dann hast du noch einen weiten Weg vor dir!« Am nächsten Morgen schenkte die Alte eine silberne Schüssel und ein goldenes Ei und schickte sie zu ihrer ältesten Schwester: »Sie weiß, wo Finist, der lichte Falke, zu finden ist!«

Die schöne Jungfrau nahm Abschied von der Alten und macht sich auf den Weg. Sie wanderte und wanderte, das dritte Paar Schuhe war durchgelaufen, der dritte Wanderstab zerbrochen und die letzte Oblate aus Stein aufgenagt – da rollte das Knäulchen auf ein Haus zu. Die Pilgerin klopfte an und sprach: »Guten Tag, ihr guten Menschen! Gewährt einer schönen Jungfrau Obdach mitten in der dunklen Nacht!« Auch diesmal kam ein altes Weiblein an die Tür: »Tritt herein, meine Liebe! Sei willkommen! Woher und wohin des Wegs?« – »Ach, Großmütterchen, ich suche Finist, den lichten Falken!« – »Schwer ist es, sehr schwer, ihn zu finden! Er lebt jetzt in der Stadt und ist mit der Tochter der Hostienbäkkerin verheiratet.« Am nächsten Morgen sagte die Alte zu der schönen Jungfrau: »Hier ist mein Geschenk: Ein goldener Stickrahmen und ein Nädelchen; du brauchst den Stickrahmen nur zu halten, dann wird das Nädelchen von selbst sticken. Und nun gehe mit Gott und verdinge dich bei der Hostienbäckerin als Magd.«

Jedesmal wenn das Mädchen einen Teil ihrer schweren Last abgelegt hat, begegnet sie einer alten Frau. Die Alten fragen sie, wohin sie gehe. Die dritte Frau fragt außerdem, woher sie komme. Es ist, als ob sich nach jeder Nacht, die auf eine Begegnung folgt, eine Metamorphose vollzieht: Eisen und Stein als an die Erde gebundene Lasten werden ihr abgenommen, Gold und Silber wird ihr zuteil. Indem sie später diese Geschenke opfert, kann sie ihren Geliebten aus seiner Verzauberung befreien.

In dem irischen Märchen *Prinz Finn, der edle Held*[21] muss der Königssohn von Irland eine schwierige Reise durch das Reich des Zauberers vom weißen Tannenwald bestehen. Jedesmal wenn er eine schwere Prüfung überstanden hat und sich in größter Einsamkeit und Verlassenheit auf die Suche nach einem Unterschlupf für die Nacht macht, trifft er auf Hilfe.

Als die Nacht fiel und er nahe daran war, seine Suche aufzugeben, sah er in der Ferne ein Lichtlein. Er lenkte sein Pferd dorthin und sah, dass das Licht aus einem einsamen Häuschen im Wald kam. Er ging hinein und sah einen steinalten Mann beim Feuer sitzen, der sagte:

»Willkommen, Prinz Finn der Schöne, Sohn des Königs von Irland. Setz dich hierher zum Feuer und ruhe dich aus. Während ich ein gutes Mahl für dich bereite, kannst du mir vielleicht erzählen, was dich so weit, so ganz weit weg von der Welt der menschlichen Behausungen führt?«

... Und während der alte Mann einen Hasen häutete und zum Abendessen briet, erzählt Prinz Finn seine Geschichte und das Ziel seiner Reise.

Drei alte Einsiedler helfen Finn jedesmal in dem Moment, in dem er nicht mehr weiß, wie es weiter gehen soll. Er erhält dabei die Möglichkeit, sich zu wärmen, zu ernähren und seine Geschichte zu erzählen, wobei ihm aufmerksam zugehört wird. Auch hier sehen wir, wie ein alter Mensch zu einer Quelle von Licht und Wärme wird, aus der ein junger Mensch Kraft, Mut und Hoffnung zur Fortsetzung seines Weges schöpft. Auch in diesen Begegnungen werden Fragen gestellt und es wird wirklich zugehört.

In der *Nixe im Teich* von den Brüdern Grimm träumt eine Frau, die ihren Mann verloren hat, von einer alten Frau.

Bald überkam sie ein Traum. Sie stieg zwischen großen Felsblöcken angstvoll aufwärts; Dornen und Ranken hakten sich an ihre Füße, der Regen schlug ihr ins Gesicht und der Wind zauste ihr langes Haar. Als sie die Anhöhe erreicht hatte, bot sich ein ganz anderer Anblick dar. Der Himmel war blau, die Luft mild, der Boden senkte sich sanft hinab und auf einer grünen, bunt beblümten Wiese stand eine reinliche Hütte. Sie ging darauf zu und öffnete die Türe, da saß eine Alte mit weißen Haaren, die ihr freundlich winkte. In dem Augenblick erwachte die arme Frau. Der Tag war schon angebrochen, und sie entschloss sich gleich, dem Traume Folge zu leisten. Sie stieg mühsam den Berg hinauf, und es war alles so, wie sie es in der Nacht gesehen hatte. Die Alte empfing sie freundlich und zeigte ihr einen Stuhl, auf den sie sich setzen sollte. »Du musst ein Unglück erlebt haben« , sagte sie, »weil du meine einsame Hütte aufsuchst.« Die Frau erzählte ihr unter Tränen, was ihr begegnet war. »Tröste dich« , sagte die Alte, »ich will dir helfen: da hast du einen goldenen Kamm. Harre, bis der Vollmond aufgestiegen ist, dann geh zu dem Weiher, setze dich am Rand nieder und strähle dein langes schwarzes Haar mit diesem Kamm. Wenn du aber fertig bist, so lege ihn am Ufer nieder, und du wirst sehen, was geschieht.«

Auch in diesem Märchen handelt es sich um einen alten Menschen, der dank seiner Fähigkeit, zuhören zu können, imstande ist, jemandem zu helfen. Aus ihrer großen Weisheit und ihrem Lebensüberblick heraus (sie wohnt auf einem Berg) vermag die Alte, der unglücklichen Frau nacheinander drei Geschenke zu geben, mit denen diese ihren Geliebten aus dem Zauber der Nixe erlösen kann.

Welche Qualitäten des alten Menschen können wir in diesen Märchen erleben?

- den wachen Wahrnehmungssinn;
- die Fähigkeit, Fragen zu stellen, so dass der andere das Vertrauen hat, seine Geschichte zu erzählen und sein Herz auszuschütten;
- die Weitergabe von Erkenntnis und Weisheit, so dass der andere den Weg finden kann;
- die Kraft des Mutmachens, so dass der andere die Kraft bekommt, sich trotz allem wieder auf den Weg zu begeben.

Häufig tritt in Begleitung des alten Mannes oder der alten Frau das Bild eines Lichtes oder Feuers in der Finsternis auf. Es ist, als ob alte Menschen Licht und Wärme ausstrahlen, die in der Finsternis von anderen wahrgenommen werden und ihnen Hoffnung und Mut spenden. Auch begegnen wir Qualitäten wie Barmherzigkeit und Sinn für das Kleine. Aber das auffallendste ist doch die Bereitschaft zu schenken und zuzuhören. Zusammenfassend könnte man sagen, dass das größte Geschenk des betagten Menschen an die Gemeinschaft seine gereifte und durchlebte Menschlichkeit ist.

Zum Schluss wollen wir uns noch einen Ausschnitt des russischen Märchens *Wassilissa mit den goldenen Flechten und dem unbedeckten Haupte und Johannes aus der Erbse*[20] anhören. Im Wald begegnet Johannes aus der Erbse auf seiner Reise zu dem Drachen, der seine Schwester gefangen hält, einer alten Frau:

Er ritt davon, ritt einen Tag und den anderen Tag und kam des Nachts in einen finsteren Wald. Im Walde stand ein Hüttchen auf Hühnerfüßchen, das schwankte im Winde und drehte sich um sich selbst. Nach altem

Brauch, wie es die Mutter ihn gelehrt hatte, blies der Königssohn das Hüttchen an und sprach: »Hüttchen, Hüttchen, dreh dich zu mir und dreh dem Wald den Rücken«

Und sogleich drehte sich das Hüttchen auf Johannes zu. Aus dem Fensterchen sah eine grauhaarige Alte: »Wen hat Gott hierhergeführt?«

Johannes verneigte sich und fragte: »Großmütterchen, sahst du den Wirbelwind fliegen, weißt du, wohin er die schönen Jungfrauen trägt?«

»Ach, wackerer Jüngling«, antwortete die Alte, hustete und sah ihn an, »auch mich hat der Sturmwind erschreckt. Seit hundertzwanzig Jahren sitze ich in diesem Hüttchen und wage mich nicht vor die Tür, denn er könnte kommen und mich entführen. Es ist kein Sturmwind, es ist der grausame Drache!«

»Wie kann ich zu ihm gelangen?« fragte Johannes.

»Was willst du dort, mein Licht? Er wird dich bald verschlingen.«

»Nun, vielleicht wird er mich nicht verschlingen.«

»Oh, tapferer Held«, flehte die Alte, »du kannst deinen Kopf nicht retten! Aber wenn du den Drachen bezwingst, so nimm aus seinem Hort das verjüngende Wasser. Wer sich damit besprengt, wird wieder jung« setzte sie hinzu, mit Mühe die Zähne bewegend.

»Mütterchen, mein Wort darauf, ich bringe dir das verjüngende Wasser!«

Nachdem Johannes den Drachen besiegt hat, hält er sein Versprechen ein:

Johannes aus der Erbse vergaß auch nicht die Alte im Hüttlein und brachte ihr das versprochene Wasser zum Waschen. Sie wusch sich damit, verwandelte sich und wurde wieder jung. Singend und tanzend lief sie hinter Johannes her und begleitete ihn auf dem Wege.

Die alte Frau versinnbildlicht die menschliche Seele, die alt geworden und verdorrt, in sich selbst gefangen ist. Der Drache hat sich der Jugendkräfte bemächtigt: der Gabe des Staunenkönnens, der Unbefangenheit, Phantasie, Flexibilität und Kreativität – alles Kräfte, die in unserer Kultur in zunehmendem Maße auch dem Kind entwendet werden. Gelingt es dem Menschen, das »verjüngende Wasser« ins Erwachsensein hinüberzuretten, wird er bis ins Alter seine innere Jugendlichkeit erhalten. Rudolf Meyer[22] sagt darüber: »Märchenweisheit will selber das Wasser des Lebens darreichen, das wir alle heute brauchen, weil Verhärtung und Todesmächte in unserem Organismus von früh auf wirksam sind. Bis in das hohe Alter hinein kann die belebende Kraft in Leib und Seele ausstrahlen, die wir in jenen Stunden unserer Kindheit aufgenommen haben, da wir noch andächtig und froh der Märchenkunde lauschen durften. (...) Eine im Intellekt erstarrte Menschenwelt lechzt nach dem Verjüngungsquell.« Märchen helfen uns bis ins hohe Alter hinein, seelisch frisch zu bleiben. Kindern tut es wohl, wenn Großeltern ihnen ein Märchen erzählen oder vorlesen. Die Bilder werden eine köstliche Wegzehrung auf ihrem späteren Lebensweg sein.

Kreativität

Kreativität ist für viele Menschen noch immer ein Wort, das sie nur mit gebildeten Leuten in Verbindung bringen, nicht zuletzt wegen seiner Verwandtschaft mit einem noch vornehmeren Wort: Kunst. Dennoch ist es jedem Menschen gegeben, auf seine eigene Weise kreativ zu sein. Man kann Kunstwerke aus Stein machen, Bilder auf Leinwand malen oder auf einem Photo oder Film festhalten. Die Art Kreativität aber, die ich hier meine, ist die Schöpfung von Bildern im Geiste. Wer die negativen Gedankenbilder mit Hilfe der eigenen Willenskraft verjagt und stattdessen positive aufruft, ist für mein Gefühl äußerst schöpferisch tätig. Was sage ich? Dieses zu tun ist für mich Kunst.

Toon Hermans[23]

Phantasie

Godfried Bomans schildert in seiner Geschichte *Der reiche Brombeerpflücker*[24] zwei Arten der Wahrnehmung. Der Brombeerpflücker ist reich, weil er unbefangen wahrnimmt. Er ist imstande, die Erscheinungen um sich herum so zu »belauschen«, dass er die Sprache der Natur versteht. Mit seiner Phantasie verleiht er der Wirklichkeit einen besonderen Zauber und Glanz. Die Sinneseindrücke werden zu Gleichnissen, die ihn innerlich ganz erfüllen. Diese Art des Wahrnehmens und Erlebens ist dem Kind aus seiner Natur heraus noch vertraut. Wenn es älter wird, schwindet vielfach diese Fähigkeit, weil es nur noch lernt, was nützlich ist. Der Brombeerpflücker, ein fröhlicher alter Mensch, wohnt allein mitten in einem großen Wald.

»Schau mal an«, sagt er morgens, »die silbernen Perlen auf den Blumen! Für wen sonst als für mich liegen all diese Diamanten über das Gras hingestreut? Wie reich ich bin!« Und ging er durch den Wald, so seufzte er glücklich: »Was für hohe Gewölbe, was für weite Portale, was für prächtige Säulen! Und das alles nur für *einen* Mann!«

Mittags lag er auf dem Rücken und schaute den Wolken zu, die die wunderlichsten Gestalten für ihn bildeten. »Es ist nicht zu glauben«, sprach er dann, »ein Bär! Und dort eine Winterlandschaft. Wer hat außer mir ein solches Dach über sich? Es macht mich ganz verlegen!«

Aber am Abend war der Brombeerpflücker am allervergnügtesten. Dann setzte er sich unter den Lorbeerbaum vor seinem Häuschen und wartete voller Spannung. Und wenn die Sonne zum letzten Mal ihre purpurnen Strahlen über den Hügel sandte, begann weit weg im Wald eine feine hohe Stimme zu jubeln... so wunderschön und doch zutiefst wehmütig, dass dem Brombeerpflücker die Tränen in die Augen traten.

»Herrlich, prächtig!« rief er dann schließlich aus, »hab Dank, Dank, unbekannter Sänger! Welch eine Musik! Welch einen Klang! Wie schade, dass ich allein auf der Welt bin.«

Der reiche Brombeerpflücker erlebt aber bald, dass er doch nicht allein auf der Welt ist, denn ein Entdeckungsreisender besucht ihn. Er erzählt seinem Gast von seinen Reichtümern: Perlen, Diamanten, einem Schloss mit Säulengängen, großen Spiegeln, farbigen Gewölben mit beweglichen Mosaiken und prächtigem Gesang und Musik. Der Reisende will sich gleich in die Stadt aufmachen, denn er glaubt, die größte Entdeckung seines Lebens gemacht zu haben. Der Brombeerpflücker bittet seinen Gast doch noch kurz zu bleiben, so dass er selbst die wunderschöne Musik hören könne. Aber der Fremde hat es eilig. »*Zeit ist Geld*«, sagt er beim Abschied. In der Stadt erzählt der Reisende von seiner großen Entdeckung. Und die Menschen sagen: *Die Perlen und Diamanten und Spiegel möchten wir haben, und in diesem Schloss wollen wir wohnen!* Daraufhin machen sich die Menschen auf den Weg zum Brombeerpflücker, mit dem Bürgermeister an der Spitze.

»Wir sind da, um die Perlen zu holen«, sprach der Bürgermeister, während er sich vor die Menge stellte, » wir werden in dem Schloss wohnen, wo die Decke aus beweglichem Mosaik ist und die Säulen aus grünem Smaragd sind. Wir wollen die Musik hören und die Spiegel sollen auch uns gehören.«

Der Brombeerpflücker freut sich sehr, dass auch die anderen Menschen seine Reichtümer zu schätzen wissen. Er bittet die Menschen bis zum Morgen zu warten, denn im Dunkeln sind die Perlen und Diamanten nicht sichtbar.

Am nächsten Morgen lagen die Felder leuchtend und flimmernd unter dem roten Himmel. An jedem Grashalm, auch dem kleinsten, hingen wunderschöne silberne Diamanten, und als die Sonne aufging, verwandelten sie sich in Topase, Smaragde und blaue Saphire, strahlend von Licht, glänzend von Reinheit, funkelnd wie irdische Juwelen. Und mittendrin standen die Menschen und sprachen über die Perlen, die sie bald finden würden, ganze Wiesen voll. Wenn bloß der Brombeerpflücker wach werden würde; sie starrten ununterbrochen auf die kleine Tür.

Endlich ging die Tür auf; der Brombeerpflücker trat heraus und sah schweigend über die Wiesen. Seine Augen waren voller Tränen.

»Ihr habt es aber gut getroffen«, sprach er leise.

» Was sagt er?« murmelte der Bürgermeister.

»Ich sage: Ihr habt es gut getroffen«, wiederholte der Brombeerpflükker, »so viele Perlen liegen da sonst nie.«

»Ich sehe keine Perlen«, sprach der Bürgermeister.

»Ihr seht keine Perlen?« fragte der Brombeerpflücker erstaunt.

»Wir sehen nichts« riefen die Menschen, »wir sehen gar nichts.«

Der Brombeerpflücker schlug die Hände zusammen: »Was habt Ihr für schlechte Augen!« rief er aus, »schaut euch um! Seht Ihr es nicht?«

»Das ist der Tau«, sagte der Bürgermeister verärgert.

»Das... das wusste ich nicht«, stotterte der Brombeerpflücker, »ich dachte ...«

Und der Bürgermeister klärt ihn weiter auf: die Säulengänge sind nur Bäume, das bewegliche Mosaik ist einfach der Himmel mit den Wolken, die Spiegel sind Seen und die schöne Musik kommt von einer gewöhnlichen Nachtigall! Die Menschen protestieren lauthals, dass der Brombeerpflücker sie betrogen habe, und rächen sich an ihm.

Und als abends die Nachtigall ihr Singen und Trillern begann, gab es niemanden mehr, der ihrem Gesang lauschte. Denn der Brombeerpflükker hing genau einen Ast tiefer, als der, worauf der Vogel saß – tot.

Manchmal können auch wir uns reich beschenkt fühlen, z.B. beim Anblick des Sonnenuntergangs, des Wolkenhimmels, des Regenbogens, der überfliegenden Schwäne oder der Regentropfen an den Ästen, die von der Sonne beschienen werden. Wie der Brombeerpflücker möchten wir dann unsere Freude und unseren Reichtum mit anderen Menschen teilen. Eile und Unruhe machen es uns aber vielfach unmöglich, die Wunder, die uns umgeben, wahrzunehmen. Dadurch wird uns der Weg zu einer wichtigen Quelle der Lebensfreude versperrt. Schenken wir den kleinen Dingen, die dem Alltagsgeschehen Glanz geben, keine Aufmerksamkeit, verarmt und verödet unser Leben.

In Bomans' Märchen sind die Menschen, die die Schätze des Brombeerpflückers holen wollen, nicht imstande, diese als solche wahrzunehmen. Sie registrieren nur das bloße Vorhandensein der Tauperlen, der Wolken, der Bäume und der Seen und das Lied der Nachtigall ist für sie nur eine Geräuschkulisse. Ihre

Habgier hindert sie daran, die Schönheit und die Geschenke der Natur entgegenzunehmen.

Die Geschichte des Brombeerpflückers macht uns deutlich, dass der Mensch häufig sehend blind ist. Der blinde Fotograf Eugen Bavcar sagt: »Die Menschen sind von der Bilderflut geblendet, mit der sie täglich überschwemmt werden. Das innere Licht fehlt. Man muss immer wieder versuchen, mit unbefangenem Blick die Dinge neu zu sehen, wie schwierig das auch sein mag. Wer geblendet ist, sieht nie etwas Neues. Nur wer das Dunkel akzeptiert, vermag das Licht jenseits der Dunkelheit zu sehen.«[25]

In den Gesprächen mit älteren Menschen über die Bedeutung der Phantasie und der schöpferischen Fähigkeiten wird oft davon berichtet, dass die eigenen kreativen Anlagen bereits im jungen Alter durch die Erziehung im Keim erstickt worden sind. Ihr »innerer Brombeerpflücker« wurde schon in der Kindheit abgetötet. Im Allgemeinen können sich nur wenige an künstlerische Aktivitäten in ihrer Jugend erinnern, und falls es solche Erinnerungen gibt, sind diese meistens negativer Natur. Jemand erzählt, dass er als Kind bestraft wurde, wenn er das malte, was seine Phantasie ihm eingab. Im Malunterricht mussten die Schüler nach einer Vorlage malen.

Viele ältere Leute sind überzeugt, dass sie nicht künstlerisch begabt sind. Ihnen ist nicht klar, dass ursprünglich jeder Mensch dieses schöpferische Vermögen besessen hat, aber dass sie es entweder im Laufe der Zeit verloren haben oder dass sie nicht die Chance bekommen haben, es zu entwickeln. In der Schule wurde ihnen eine Art Denken beigebracht, das vor allem auf kritische Betrachtung, Analysieren und Auswendig-Lernen von Fakten ausgerichtet war. Vorrangig wurden Kenntnisse vermittelt, die man später in der Gesellschaft brauchen würde. Solch eine einseitig intellektuell-materialistische Anschauung nimmt nur die Außenseite der Wirklichkeit wahr und führt zu seelischer Armut.

Aber auch noch im fortgeschrittenen Alter kann der Mensch seine Phantasiekraft und Kreativität zur Entfaltung bringen, selbst dann, wenn er ein Leben lang nichts in dieser Richtung gemacht hat oder davon überzeugt ist, er sei nicht kreativ veranlagt. Schöpft der Mensch diese verborgenen künstlerischen Möglichkeiten in sich voll aus, wirkt das unglaublich belebend und bereichernd und bildet somit ein Gegengewicht zum physischen Alterungsprozess. Die einzige Bedingung ist, dass er sich dem Unbekannten öffnet und sich nicht länger einredet, »dass er sowieso nicht kreativ ist.« Während meiner Kurstätigkeit habe ich wiederholt erlebt, wie bei älteren Menschen die schöpferische Quelle nach Jahren der Untätigkeit zu fließen begann, so dass in ihrem Innern der »reiche Brombeerpflücker« erneut zum Leben erweckt wurde. Groß ist das Staunen und die Freude, wenn jemand von sich selbst sagen kann: »Ich ahnte gar nicht, dass ich diese Möglichkeiten in mir habe!«

Was ist Kreativität eigentlich? Es ist die Gabe des Schaffens, des Gestaltens. Automatisch bringt man dieses Wort mit Kunst und künstlerischem Tätigsein in Zusammenhang, aber im Grunde ist jeder Mensch auf vielerlei Gebieten kreativ tätig, auch wenn er es nicht als solches erkennt: am Arbeitsplatz, in der Art, wie er Probleme löst, in der Erziehung seiner Kinder, wie er mit Veränderungen umgeht, sich von alten Lebensmustern verabschiedet und wie er auf Berufs- oder Wohnungswechsel reagiert.

Seelische Frische und Flexibilität ist für den Menschen ebenso wichtig wie körperliche Bewegung. Man greift z.B. ein handwerklich-künstlerisches Hobby auf, das einen vielleicht immer schon gereizt hat, oder man versucht auch einmal etwas völlig Neues.

Farbe als Übungsfeld

Nun folgt der Bericht von einer Malübung in drei Etappen, an der einige Erscheinungen sichtbar und erlebbar gemacht werden, mit denen jeder Mensch, der aus dem Berufsleben ausscheidet, konfrontiert wird.

Der Arbeitsraum, in dem gewöhnlich die Gruppenarbeit stattfindet, ist in eine Malwerkstatt umgewandelt worden. Auf jedem Platz liegt ein Blatt Papier, ein Schwämmchen, ein Glas mit Wasser und drei Töpfchen mit den Wasserfarben Rot, Gelb und Blau. Beim Hereinkommen sind die Reaktionen der Seminarteilnehmer oft sehr gemischt. Typische Bemerkungen sind: »Das wird was werden; das können wir gleich bleiben lassen, es kommt eh' nichts dabei raus; es sieht hier wie im Kindergarten aus; ich bin nicht kreativ; ich möchte lieber eine Tür anstreichen« oder auch: »Wir halten es wie der Maler Karel Appel: Halt ein bisschen herumschmieren«.

Zunächst wird besprochen, welche Erfahrungen man bereits mit künstlerischen Aktivitäten gesammelt hat. Was bedeuten eigentlich Farben im täglichen Leben? Farben spielen eine wichtige Rolle bei der Wohnungseinrichtung, beim Kauf von Kleidung und Auto. Farben haben auch eine Signalfunktion, z.B. im Verkehr. Diese Art von Farben sind an Gegenstände gebunden und bleiben relativ unverändert. In der Natur hingegen kann man ein reiches Farbenspiel beobachten: die wechselnden Farben der Pflanzen, Blumen und Bäume, die sich verändernden Farben im Jahreslauf, das Wolkenspiel zwischen Licht und Schatten, die Farben des Regenbogens, Tautropfen in der Sonne, der Sonnenuntergang mit ineinander übergehenden Farben: gelb, orange, rot, lila und purpur.

Redewendungen in der Sprache, die mit Farben zu tun haben, hängen häufig mit dem Empfindungs- und Gefühlsleben zusammen: ein Grünschnabel sein, sich grün und blau ärgern, gelb vor Neid sein, jemandem nicht grün sein, das Blaue vom Himmel herunterlügen, blauäugig sein, schwarzmalen, alles Grau in Grau sehen, dem Grau des Alltags entfliehen, es zu bunt treiben, Farbe bekennen, eine farbige Schilderung, ein farbloser Mensch, etwas durch eine rosa Brille betrachten usw. Diese Redewendungen zeigen, dass jede Farbe eine typische Emotion zum Ausdruck bringt. Farben hängen also mit dem Bereich der menschlichen Gefühle, der Stimmungen und des Geschmacks zusammen, in dem sich im Gegensatz zum begrifflichen Denken alles in ständiger Bewegung befindet. Die Antwort auf die Frage, welche Farbe als schön empfunden wird, ist für jeden Menschen verschieden.

Jeder Kursteilnehmer hat ein weißes Blatt Papier vor sich. Alle Möglichkeiten sind noch offen, wie bei der kommenden Lebensphase. Die Aufgabe lautet nun: mit den drei Farben frei und unbefangen wie ein Kind spielen, so dass aus der Begegnung von Rot, Gelb und Blau neue Farbnuancen entstehen. Nichts Gegenständliches soll dargestellt werden, es geht nur darum, in eine unbekannte Welt einzutauchen. Um den fließenden Charakter der Komposition zu verstärken, wird das Papier erst mit dem Schwämmchen angefeuchtet. Die ersten Farben erscheinen auf dem Papier. Es wird gelacht, einzelne Bemerkungen fallen noch, dann wird es immer stiller. Jeder ist intensiv beim Malen dabei. Groß ist das Staunen, wenn nachher alle Bilder nebeneinander gelegt werden. Dieser Schritt ins Unbekannte wird zu einer eindringlichen Erfahrung.

Während der nächsten Übung erleben die Teilnehmer intensiv, was wirkliches Loslassen bedeutet und welche Gefühle dieser Prozess auslöst. Zunächst sollen sie ein zweites Bild nach dem gleichen Prinzip malen. Nach einer Weile werden sie aufgefordert, ihre Arbeit liegen zu lassen und sich im Raum umzusehen. Jeder soll sich nun das Bild eines anderen Teilnehmers aussuchen, um an diesem weiterzumalen. Wie schwierig ist es, die eigene Arbeit im Stich zu lassen und gleichzeitig zuzulassen, dass ein anderer daran weiterarbeitet. Bei der Nachbesprechung erkennen die Teilnehmer, dass ähnliche Unmutsgefühle beim Abschiednehmen vom Arbeitsplatz auftraten, mit dem man über Jahrzehnte verbunden war und den man einem anderen Menschen überlassen musste, der in Zukunft die Arbeit auf eine ganz andere Weise anpacken wird.

Während der dritten Übung malen jeweils zwei Teilnehmer an einem Bild mit nur einem Pinsel. Sie sollen eine Art Gespräch mit Hilfe von Farben anstatt Worten miteinander führen, d.h. während der Arbeit darf keiner der Beteiligten eine Anweisung geben oder eine Bemerkung machen. Der eine eröffnet das Gespräch, der andere gibt Antwort. Bei einer solchen Übung machte einmal einer der beiden Partner einen vertikalen Strich über die Mitte des Blattes und sagte: »Hier ist meine Hälfte und da ist deine!« Bei dieser sozialen Übung geht es aber in erster Linie darum, dem anderen genau wie im mündlichen Gespräch Raum zu geben, seinen Beitrag »zu belauschen«, nachzuempfinden, was der andere damit aussagen will. Im Raum wird es wiederum ganz still. Jeder arbeitet konzentriert. Hie und da kann einer es sich nicht verkneifen, eine Anweisung zu geben. Wenn die Bilder fertig sind, werden die »Koproduktionen« neben die vorherigen gelegt. Manche Bilder werden bewundert. Wiederum sind alle erstaunt, welche schöpferischen Leistungen erbracht wurden.

In der Nachbesprechung werden folgende Fragen erörtert: Was ist der Unterschied zwischen allein malen und zu zweit an einem gemeinsamen Bild arbeiten? Hast du bei der gemeinsamen Arbeit die Initiative ergriffen oder ließest du dich führen? Bist du dabei vorsichtig, dominant oder impulsiv vorgegangen? Hast du Rücksicht auf die andere Person genommen, hattest du selbst genügend Freiraum und hast du diesen auch wirklich genützt? Auf den Bereich der Musik übertragen, könnte man auch fragen: Spieltest du Geige oder Kontrabass, Schlagzeug oder Triangel? Wie klang das Zusammenspiel? Der Reihe nach berichtet jeder von seinen Erfahrungen und Gefühlen während des Malens. Ganz stark hat man eine Übereinstimmung zwischen seinen Empfindungen während der Übungen und den sozialen Prozessen im täglichen Leben erlebt: in der Kommunikation, in der Frage, ob man einander Freiraum gibt, ob man sich genügend in den anderen einfühlt und ob man aktiv oder eher abwartend auftritt.

Antoine de Saint-Exupéry sagt in seinem Märchen für Erwachsene, *Der kleine Prinz:* Man sieht nur mit dem Herzen gut. Das Wesentliche ist für die Augen unsichtbar.[26] Durch schöpferisches Tätigsein lernen die Teilnehmer »aus dem Herzen« heraus die Veränderungen zu betrachten, die auftreten, wenn sie aus dem Berufsleben ausscheiden. Ihr Horizont erweitert sich in ungeahnter Weise. Vor allem bei denjenigen Menschen, in deren früheren Beruf überwiegend das rationelle Denken gefordert war. Pablo Picasso hat einmal gesagt: »Ich habe sechzig Jahre gebraucht, um wieder wie ein Kind zeichnen zu lernen.« Ein älterer Mensch wird etwas von dem verborgenen Kind in sich erleben, wenn er sich in irgendeiner Form kreativ beschäftigt. Aus diesem neuen Interesse ergeben sich Anknüpfungspunkte für Kontakte mit Altersgenossen, aber auch mit jungen Leuten oder den Enkelkindern, so dass man auch im Alter innerlich jung bleibt.

Die Natur als Inspirationsquelle

1854 hielt Seattle, der Häuptling der Duwamish, seine berühmte Rede über das Angebot der Weißen, das Land der Indianer zu kaufen. Chief Seattle war damals achtundsechzig Jahre alt. Dr. Henry Smith, der die Rede aufzeichnete, schilderte das Auftreten des Häuptlings folgendermaßen: »Chief Seattle legte eine Hand auf den Kopf des Gouverneurs, wies mit dem Zeigefinger der anderen Hand langsam gen Himmel und begann dann seine denkwürdige Rede in feierlichem und eindrucksvollem Ton.«[27] Die Ansprache ist in der Bearbeitung des amerikanischen Dichters William Arrowsmith[28] berühmt geworden, der wir einige Absätze entnehmen:

Wir sind ein Teil der Erde

Der große Häuptling in Washington sendet Nachricht, dass er unser Land zu kaufen wünscht. Der große Häuptling sendet uns auch Worte der Freundschaft und des guten Willens. Das ist freundlich von ihm, denn wir wissen, er bedarf unserer Freundschaft nicht. Aber wir werden sein Angebot bedenken, denn wir wissen, wenn wir nicht verkaufen, kommt vielleicht der weiße Mann mit Gewehren und nimmt sich unser Land. Wie kann man Himmel kaufen oder verkaufen – oder die Wärme der Erde? Diese Vorstellung ist uns fremd. Wenn wir die Frische der Luft und das Glitzern des Wassers nicht besitzen, wie könnt Ihr sie von uns kaufen? Wir werden unsere Entscheidung treffen.

Was Häuptling Seattle sagt, darauf kann sich der große Häuptling in Washington verlassen, so sicher wie sich unser weißer Bruder auf die Wiederkehr der Jahreszeiten verlassen kann. Meine Worte sind wie die Sterne, sie gehen nicht unter.

Jeder Teil dieser Erde ist meinem Volk heilig, jede glitzernde Tannennadel, jeder sandige Strand, jeder Nebel in den dunklen Wäldern, jede Lichtung, jedes summende Insekt ist heilig, in den Gedanken und Erfahrungen meines Volkes. Der Saft, der in den Bäumen steigt, trägt die Erinnerung des roten Mannes. Die Toten der Weißen vergessen das Land ihrer Geburt, wenn sie fortgehen, um unter den Sternen zu wandeln. Unsere Toten vergessen diese wunderbare Erde nie, denn sie ist des roten Mannes Mutter.

Wir sind ein Teil der Erde, und sie ist ein Teil von uns. Die duftenden Blumen sind unsere Schwestern, die Rehe, das Pferd, der große Adler sind unsere Brüder. Die felsigen Höhen, die saftigen Wiesen, die Körperwärme des Ponys und des Menschen – sie alle gehören zur gleichen Familie.

Wenn also der große Häuptling in Washington uns Nachricht sendet, dass er unser Land zu kaufen gedenkt – so verlangt er viel von uns. (...)

Wir werden Euer Angebot, unser Land zu kaufen, bedenken. Das wird nicht leicht sein, denn dieses Land ist uns heilig. Wir erfreuen uns an diesen Wäldern. Ich weiß nicht – unsere Art ist anders als die Eure. Glänzendes Wasser, das sich in Bächen und Flüssen bewegt, ist nicht nur Wasser – sondern das Blut unserer Vorfahren. Wenn wir Euch das Land verkaufen, müsst Ihr wissen, dass es heilig ist, und Eure Kinder lehren, dass es heilig ist und dass jede flüchtige Spiegelung im klaren Wasser der Seen von Ereignissen und Überlieferungen aus dem Leben meines Volkes erzählt. Das Murmeln des Wassers ist die Stimme meiner Vorväter.

Die Flüsse sind unsere Brüder – sie stillen unseren Durst. Die Flüsse tragen unsere Kanus und nähren unsere Kinder. Wenn wir unser Land verkaufen, so müsst Ihr Euch daran erinnern und Eure Kinder lehren: Die Flüsse sind unsere Brüder – und Eure –, und Ihr müsst von nun an den Flüssen Eure Güte geben, so wie jedem anderen Bruder auch.

Der rote Mann zog sich immer zurück vor dem eindringenden weißen Mann – so wie der Frühnebel in den Bergen vor der Morgensonne weicht. Aber die Asche unserer Väter ist heilig, ihre Gräber sind geweihter Boden, und so sind diese Hügel, diese Bäume, dieser Teil der Erde uns geweiht. Wir wissen, dass der weiße Mann unsere Art nicht versteht. Ein Teil des Landes ist ihm gleich jedem anderen, denn er ist ein Fremder, der kommt in der Nacht und nimmt von der Erde, was immer er braucht.

Die Erde ist sein Bruder nicht, sondern Feind, und wenn er sie erobert hat, schreitet er weiter. Er lässt die Gräber seiner Väter zurück – und kümmert sich nicht. Er stiehlt die Erde von seinen Kindern – und kümmert sich nicht. Seiner Väter Gräber und seiner Kinder Geburtsrecht sind vergessen. Er behandelt seine Mutter, die Erde, und seinen Bruder, den Himmel, wie Dinge zum Kaufen und Plündern, zum Verkaufen wie Schafe oder glänzende Perlen.

Sein Hunger wird die Erde verschlingen und nichts zurücklassen als eine Wüste. (...)

Die Luft ist kostbar für den roten Mann – denn alle Dinge teilen denselben Atem – das Tier, der Baum, der Mensch – sie alle teilen denselben Atem. Der weiße Mann scheint die Luft, die er atmet, nicht zu bemerken; wie ein Mann, der seit vielen Tagen stirbt, ist er abgestumpft gegen den Gestank.

Aber wenn wir Euch unser Land verkaufen, dürft Ihr nicht vergessen, dass die Luft uns kostbar ist – dass die Luft ihren Geist teilt mit all dem Leben, das sie enthält. Der Wind gab unseren Vätern den ersten Atem und empfängt ihren letzten. Und der Wind muss auch unseren Kindern den Lebensgeist geben. Und wenn wir euch unser Land verkaufen, so müsst Ihr es als ein besonderes und geweihtes schätzen, als einen Ort, wo auch der weiße Mann spürt, dass der Wind süß duftet von den Wiesenblumen. (...)

Ihr müsst Eure Kinder lehren, dass der Boden unter ihren Füßen die Asche unserer Großväter ist. Damit sie das Land achten, erzählt ihnen, dass die Erde erfüllt ist von den Seelen unserer Vorfahren. Lehrt Eure Kinder, was wir unsere Kinder lehren: Die Erde ist unsere Mutter. Was die Erde befällt, befällt auch die Söhne der Erde. Wenn Menschen auf die Erde spucken, bespeien sie sich selbst.

Denn das wissen wir, die Erde gehört nicht den Menschen, der Mensch gehört zur Erde – das wissen wir. Alles ist miteinander verbunden, wie das Blut, das eine Familie vereint. Alles ist verbunden. Was die Erde befällt, befällt auch die Söhne der Erde. Der Mensch schuf nicht das Gewebe des Lebens, er ist darin nur eine Faser. Was immer Ihr dem Gewebe antut, das tut Ihr Euch selber an.

Nein, Tag und Nacht können nicht zusammenleben. Unsere Toten leben fort in den süßen Flüssen der Erde, kehren wieder mit des Frühlings leisem Schritt, und es ist ihre Seele im Wind, der die Oberfläche der Teiche kräuselt. (...)

Gott gab Euch Herrschaft über die Tiere, die Wälder und den roten Mann, aus einem besonderen Grund – doch dieser Grund ist uns ein Rätsel.

Vielleicht könnten wir es verstehen, wenn wir wüssten, wovon der weiße Mann träumt welche Hoffnungen er seinen Kindern an langen Winterabenden schildert – und welche Visionen er in ihre Vorstellungen brennt, so dass sie sich nach einem Morgen sehnen.

Aber wir sind Wilde – die Träume des weißen Mannes sind uns verborgen. Und weil sie uns verborgen sind, werden wir unsere eigenen Wege gehen. Denn vor allem schätzen wir das Recht eines jeden Menschen, so zu leben, wie er selber es wünscht – gleich wie verschieden von seinen Brüdern er ist. Das ist nicht viel, was uns verbindet. (...)

Wenn wir Euch unser Land verkaufen, liebt es, so wie wir es liebten, kümmert Euch, so wie wir uns kümmerten, behaltet die Erinnerung an das Land, so wie es ist, wenn Ihr es nehmt. Und mit all Eurer Stärke, Eurem Geist, Eurem Herzen, erhaltet es für Eure Kinder und liebt es – so wie Gott uns alle liebt.

Denn eines wissen wir – unser Gott ist derselbe Gott. Diese Erde ist ihm heilig. Selbst der weiße Mann kann der gemeinsamen Bestimmung nicht entgehen. Vielleicht sind wir doch Brüder. Wir werden sehen.

Chief Seattle schildert, wie die Natur von einem Freund zu einem Feind wird, wenn wir den Respekt vor ihr verlieren. Es sind prophetische Worte, die dem westlichen Menschen einen Spiegel vorhalten. Selbst nach hundertfünfzig Jahren ist diese Botschaft aktuell. Als älterer Mensch sollten wir uns einmal fragen, wie unser eigenes Verhältnis zur Natur ist.

- Welche Kindheitserinnerungen an Erfahrungen und Gefühlen in Bezug auf die Natur haben wir?
- Wie kommt es, dass die Qualität des Staunens und die innige Verbundenheit mit der Natur, die uns als Kind noch trugen, verschwunden sind?
- Warum nehmen wir uns so wenig Zeit für Beobachtungen in der Natur und laufen an vielen kleinen »Wundern« gedankenlos vorbei?

Im Laufe unseres Lebens hat sich die tiefe Bindung zur Natur gelöst. Als Erwachsenen ist es uns nicht mehr selbstverständlich gegeben, in die Natur einzutauchen, wir stehen ihr als Fremde gegenüber. Auch in der Gesellschaft zeichnet sich eine ähnliche Tendenz ab. Die Natur wird immer mehr zum Objekt, zur Einnahmequelle. Regelmäßig werden wir von Meldungen über die Folgen unserer Ausbeuterhaltung der Natur gegenüber aufgeschreckt: Verschmutzung und Vergiftung von Luft, Erde und Wasser. Umwelt- und Naturkatastrophen rufen uns Fragen ins Bewusstsein: Wie gestaltet sich heutzutage das Verhältnis des Menschen zur Natur und warum führt das zu katastrophalen Folgen? Die Entwicklung der letzten dreißig Jahre kann man an zwei Buchtiteln ablesen: 1971 sprach der Club of Rome mit dem Buch *Grenzen des Wachstums* eine deutliche Warnung aus. Wie wenig diese beherzigt wurde, zeigt der Titel ihrer zwanzig Jahre später folgenden Veröffentlichung: *Jenseits der Grenzen.*

Im Rahmen eines Fortbildungskurses des Naturschutzbundes, an dem ich teilnahm, suchten wir auch eine Mülldeponie auf. Nur wenn man einmal in einer solchen »Landschaft aus Abfällen« herumläuft, wird es einem richtig bewusst, was für Berge von Müll die Gesellschaft produziert. Man wird noch einmal tief von der Notwendigkeit durchdrungen, umweltbewusst zu leben.

Wird der Mensch im Ruhestand nicht länger von einem aufreibenden Job beansprucht, so kann er sich der Natur als einer Quelle der Inspiration zuwenden. Wer die Natur in aller Ruhe auf sich wirken lässt, wird reich beschenkt werden. Vielleicht spricht sie sogar in Bildern und Gleichnissen zu ihm, deren Weisheit ihn beglücken kann, und diese Bilderwelt wird damit zu einem Jungbrunnen, der ihm Einsichten über Leben und Altwerden spendet.

Zu einem Seminar über die Pensionierung gehört meistens eine Wanderung unter Leitung eines Naturkundigen. Dieser schildert unterwegs, wie die Landschaft im Laufe der Jahrhunderte entstanden ist, und macht die Wanderer auf allerlei Sehenswertes aufmerksam: auf die Galläpfel an den Eichenblättern oder auf den Specht in seiner »Schmiede«, der einen Tannenzapfen in die Rinde eines Baumes klemmt, um so die Samen herauszupicken. Wir vergleichen einen mäandernden mit einem begradigten Bach. Wir hören, warum sich die Blätter im Herbst verfärben und abfallen. Alle stehen bei einem großen Ameisenhaufen still und staunen über die Weisheit der Ameisen. Wir sehen die verschiedenen Moosarten und unter der Lupe das prächtige Rot des blühenden Mooses. Wir lernen die Stimmen von Kohlmeise, Zilpzalp, Rotkehlchen und Fink erkennen. In der Ferne ruft ein Kuckuck. Bei einer alten Eiche darf jeder das Alter des Baumes schätzen.

Während eines solchen Herbstspazierganges sagte einmal ein Teilnehmer: »Ich hoffe, dass ich das Leben, das hinter mir liegt, genauso elegant loslassen kann wie die fallenden Blätter den Ast, im Vertrauen darauf, dass sich bereits neue Knospen gebildet haben.« In der Nachbesprechung erzählen die Teilnehmer, was sie alles erlebt haben. Alle sind sich einig, dass einem die Augen für die Wunder der Natur geöffnet werden, und sind überrascht, dass auf solch einer kurzen Strecke soviel zu sehen ist.

Während meiner Ausbildung erlebte ich, wie anregend es ist, mit offenen Augen und Ohren in der Natur wahrzunehmen. Als ich aufgefordert wurde, eine Fliege oder Mücke aus dem Gedächtnis zu zeichnen, musste ich feststellen, wie mangelhaft die eigene Wahrnehmung ist. Zum ersten Mal in meinem Leben betrachtete ich unter dem Mikroskop das Facettenauge einer Fliege oder wie diese aus der Puppe schlüpft. Ich entdeckte, dass auf einer einzigen Pflanze alle Entwicklungsstadien des Marienkäfers anzutreffen sind: Ei, Larve, Puppe und Käfer.

Während eines Spazierganges über die Heide suchen wir, mit einer Lupe ausgerüstet, auf dem Boden nach Grabwespen. Ihre großen glänzenden Facettenaugen sind wie eine Bienenwabe geformt. Ich freue mich über den Sonnentau am Wegrand, über die Lerchen hoch in der Luft und über ein Schwalbennest an einem Bauernhof. Dann sehen wir plötzlich, wie ein Kranichzug in einer langgestreckten V-Formation elegant und würdevoll über die Baumwipfel fliegt.

Dort, wo ich wohne, habe ich schon mehrmals einen großen Schwarm Stare beobachtet. Unglaublich faszinierend ist es, ihre spiralförmigen Bahnen zu verfolgen, wenn sie in der Abenddämmerung eine Ruhestätte für die Nacht suchen. Es ist, als ob Hunderte von Vögeln zusammen ein einziges Wesen bilden, so exakt stimmen ihre Flugbewegungen überein. Der Gehweg vor einer Hauswand ist voller Vogelkot. Früher wäre ich einfach daran vorbeigegangen. Nun aber sehe ich nach oben und entdecke unter dem Dachgesims mindestens fünfzehn Schwalbennester. Bei einem der Nester schauen die Schnäbel der Jungen über den Rand. Wie schön ist es, die kunstvollen Bauten und den Ab- und Anflug der Schwalben zu beobachten.

Durch solche Wahrnehmungsübungen lernt man, wieviel es in der Natur zu erleben gibt, sobald man sich den Phänomenen staunend zuwendet und sich damit verbindet. Wenn ältere

Menschen diese Haltung üben, schaffen sie ein wirksames Gegengewicht zum unaufhaltsamen Alterungsprozess. Der Rückgang der körperlichen Vitalität und Geschmeidigkeit wird durch geistige Tätigkeiten ausgeglichen. Die Natur wird dann zum großen Lehrmeister und Therapeuten des älteren Menschen, so dass seine Stimmung nicht nur von den kleineren oder größeren Beschwerden, die das Alter nun einmal mit sich bringt, geprägt wird.

So wirkt sich eine Erweiterung der Erfahrungswelt wohltuend auf das Lebensgefühl aus. Wer sich für ein neues Gebiet interessiert oder sich intensiver mit einer alten Liebhaberei beschäftigt, wird wieder von Begeisterung und jugendlicher Frische erfüllt. Er erlebt, dass es in der Welt noch vieles zu entdecken und zu untersuchen gibt. Neue Impulse verjüngen die Seele.

Erfahrungen und Beobachtungen in der Natur kann man in einem »Naturtagebuch« festhalten. Hier folgen einige Beispiele solcher Notizen:

Ich sitze am Rande einer Bucht. Mir fällt die Stille auf, die man förmlich »hören« kann. Auf der gegenüberliegenden Seite geht die Sonne langsam hinter den Bergen unter. In den Bäumen, die an der Bucht entlang wachsen, regt sich kein Hauch, nicht einmal das leiseste Geflüster des Windes ist zu hören. Die Wasseroberfläche ist glatt wie ein Spiegel. Hoch am Himmel leuchten kleine Wolken in der untergehenden Sonne auf. Über das Wasser fliegen Schwalben. Ich verfolge den Flug einer Möwe, ab und zu höre ich Enten quaken. Auf einer Wiese neben einem kleinen Haus wiegt eine Frau ihr Kind in einer Hängematte. Aus dem Schornstein kräuselt sich Rauch, der als ein langer blauer Schwaden über der Bucht hängenbleibt. Allmählich wird es dunkel. Die Farben des westlichen Himmels spiegeln sich im Wasser. Der Mond, der hinter den Bäumen zum Vorschein kommt, wirft einen Lichtstrahl über das Wasser. Am jenseitigen Ufer funkeln Lichter. Vor einem Haus brennt ein Holzfeuer, um das einige Menschen sitzen. Das Einzige, was ich höre, ist das Prasseln des Feuers. Nach kurzer Zeit hört auch dieses Geräusch auf. Wiederum herrscht tiefe Stille.

Ähnliche Wahrnehmungsübungen können wir auch im Hinblick auf die Jahreszeiten machen. Was sehen wir im Frühling, Sommer, Herbst oder Winter und was erleben wir dabei? Was sind die wesentlichsten Veränderungen im Jahreslauf? Wie ändern sich zum Beispiel die Farben der Pflanzen und Bäume, der Landschaft, des Gartens oder des Himmels? Die Beobachtungen kann man in einem »Jahreszeitenbuch« notieren und vielleicht mit selbst gemalten Bildern oder Gedichten ergänzen. Auf diese Weise erlebt man den Jahreszeitenwechsel bewusster. Hier folgen einige Beispiele:

Frühling

Geduld haben, lange warten, bis die ersten Frühlingsboten sich zeigen: Winterlinge, die wie kleine Sterne durch den schmelzenden Schnee zum Vorschein kommen, Schneeglöckchen, Krokusse und der erste grüne Flaum auf den Bäumen.

Plötzlich bricht der Frühling in einer Vielfalt von zartgrünen Farben hervor. Dann die Obstbäume in festlichen weiß-rosa Gewändern für eine üppige, aber kurze Blütezeit. Schon schweben die ersten Blütenblättchen auf die Erde und bedecken den Boden mit zartem Frühlingsschnee; es ist, als wendeten sich die Bäume nach innen, schlössen sich ab, um allmählich zur Fruchtbildung überzugehen.

Tausend kleine Sonnen auf den Wiesen: Löwenzahn. Vor Sonnenaufgang erfreut uns ein jubelndes Vogelkonzert, eine singende Lerche über den Feldern. Junge Schwalben bekommen Flugunterricht und streichen wie richtige Akrobaten im Sturzflug dicht über das Land hin. Die Pflanzen erheben sich von der Erde und streben zum Licht hinauf, immer höher, bis die Blüten sich den Sonnenstrahlen öffnen.

Herbst

Wechselnde Stimmungen. Es gibt die stillen, in sich gekehrten Herbsttage: Mit einem goldenen Hauch scheint die Sonne durch den Nebel; in den roten, goldgelben und braunen Blättern glüht ihr Feuer noch einmal auf. Früchte in vielerlei Farben und Formen. Die Tauperlen in den Spinnweben funkeln in der Sonne wie Edelsteine. Herbst bedeutet aber auch: absterben, vergehen und sich zusammenziehen. Das überschwängliche Leben des Sommers hat sich in Früchte und Samen zusammengezogen. Alles neigt sich der Erde zu und fällt auf sie herab: Samen, Laub und abgestorbene Pflanzen.

Dieses Vergehen und Absterben steht im Gegensatz zum zartblauen Himmel, der frühlingshaft anmutet. Doch plötzlich kommen Herbststürme auf, fegen alles hinweg und beseitigen das Alte. Wenn der Sturm das Laub von den Bäumen reißt, sind die Knospen für das nächste Jahr schon sichtbar. Der erste Reif kündigt den nahenden Winter an.

In jeder Jahreszeit können die Großeltern mit ihren Enkelkindern Naturgegenstände sammeln, um daraus etwas Schönes zu machen.[29] Ein Rentner, der sich als Naturschutzführer betätigte, erzählte mir von dem *Zwergenpfad,* den er für Kindergartenkinder angelegt hatte. In einem hohlen Baumstamm hatte er ein Zwergenhäuschen mit kleinen Möbeln eingerichtet, die aus allerlei Naturmaterialien angefertigt waren. Auch so kann man als älterer Mensch etwas für die jüngere Generation tun.

Die Natur beschenkt uns auch noch anderweitig. Sie spricht zu uns in Bildern und Gleichnissen, die uns Auskunft über unser Leben und unsere Erfahrungen geben. Wer regelmäßig an dem gleichen Baum Beobachtungen macht, erfährt dadurch auch manches Erhellende über seinen eigenen Lebenslauf. Vergessen wir dabei jedoch nicht, dass nur die eine Hälfte des Baumes sichtbar ist, die andere, das Wurzelwerk, ist unter der Erde verborgen. Auch ein großer Teil des menschlichen Lebens ruht im Verborgenen.

Unser gegenwärtiges Leben ist in der Vergangenheit verwurzelt. Wie wir jetzt sind, wurde von der Familie, in der wir aufwuchsen, von Schule, Arbeitsplatz und Gesellschaft mitgeprägt. Diese Wurzeln schaffen die Voraussetzung für zukünftiges Wachstum. Welche Früchte trägt unser Lebensbaum bereits und welche werden noch reifen? Gibt es tote Äste, die wir absägen sollten, weil sie uns nur noch belasten und behindern? Hat der Sturm schon manche Äste abgebrochen? An Weiden und Pappeln kann man beobachten, wie neue Triebe an der Stelle wachsen, wo ein Ast abgesägt wurde; die sogenannten schlafenden Augen schlagen aus. Wo sind die schlafenden Augen an unserem Lebensbaum, die Kräfte und Möglichkeiten, die auch noch im Alter geweckt werden können? Ebenso wie der Baum befindet sich der Mensch zwischen Himmel und Erde, Licht und Finsternis. Beim Baum schaffen die aufsteigenden Säfte im Stamm und in den Ästen eine Verbindung zwischen Wurzelwerk und Krone. Können die Blätter, die sich ganz dem Licht öffnen, uns vielleicht Wichtiges über unsere eigene Empfänglichkeit für das Licht offenbaren?

Nicht nur die Wurzeln des Baumes, sondern auch die Jahresringe unter der Rinde sind dem Auge verborgen. Sie werden erst sichtbar, wenn der Baum umgesägt wird. An ihnen kann man die Lebensgeschichte des Baumes studieren. Ein breiter Jahresring erzählt von ungestörtem Wachstum, von einem Jahr mit viel Sonne und genügend Regen. Schmale Jahrringe hingegen berichten von Perioden mit wenig Sonne, mit Trockenheit, Krankheit oder einer Insektenplage. Sind die Jahresringe an einer Seite schmal und an der anderen breit, deutet das darauf hin, dass der Baum schief gewachsen war.

In den Jahresringen ist die Vergangenheit des Baumes eingezeichnet: der junge, der ausgewachsene und der alte Baum. Selbst bei einem alten, krumm gewachsenen und geschädigten Baum kommen im Frühjahr neue Blättchen und Blüten zum Vorschein. Leben und Tod, Alter und Jugend sind gleichzeitig im Baum anwesend. Auf diese Weise wird der Baum zum eindrucksvollen Bild für den menschlichen Werdegang. Bis ins hohe Alter hinein können noch junge Zweige und Blüten an unserem Lebensbaum sprießen. Haben wir nur ein Auge für die physische Seite des Alters, so sehen wir in den Falten und dem durchfurchten Antlitz nur die »Rinde«. Unter der Außenseite verbirgt sich aber die Geschichte, die »Jahresringe« eines ganzen Menschenlebens: das kleine Kind, der Jugendliche und der Erwachsene mit seiner gesamten Lebenserfahrung, mit den Zeiten des Glücks oder des Unglücks, der Freude oder des Schmerzes. Hat der betagte Mensch Glück, dann ahnen die Menschen in seiner Umgebung hinter seinem welken, verfallenen Äußeren ihn selber. Er fühlt sich dann von ihnen in seiner ganzen Menschenwürde angenommen und erkannt.

»Die Symbolik des Baumes berührt mich zutiefst. Der Baum

ist die Bestätigung dafür, dass man nur die eine Hälfte der Wirklichkeit sieht. Wer einen Baum fällt, weiß häufig nicht, dass er nur die sichtbare Hälfte eines Ganzes vernichtet. So ist es auch mit dem Menschen. Im Gegensatz zum Baum sind die Wurzeln des Menschen aber immateriell. Er ist ein Teil eines nicht vorstellbaren Bewusstseins. Wenn man eine Einzelheit vernachlässigt, nimmt man Einfluss auf dieses Bewusstsein. Lässt man einen Teil der Welt Hungers sterben, krankt die ganze Welt daran.«[30]

In Tilburg wurde das Fällen einer uralten Linde zu einem eindrucksvollen Ereignis. Dieser Baum vermittelt uns sichtbar die Botschaft, dass in einem Endpunkt ein neuer Anfang verborgen liegt. In der Zeitung war folgender Bericht zu lesen:

Die Stadt Tilburg ist ihre Linde noch nicht los. Gestern stellte sich zum großen Erstaunen aller Schaulustigen bei der Entmantelung des jahrhundertealten Baumes heraus, dass sich in dem Hohlstamm mit einem Kreisumfang von mehreren Metern ein junger Baum entwickelt hatte. Während die Motorsägen noch kreischten, fand eine eilig anberaumte Beratung statt. »Stehen lassen, stehen lassen!« skandierten die Leute, die sich scharenweise zu dem Hügel aufgemacht hatten, um der alten Linde die letzte Ehre zu erweisen.

Unter dem Totengeläut der Kirche wurden erst die Äste des Baumes abgesägt. Danach wurde der Stamm mit Bändern und Seilen umwickelt und hochgehoben, begleitet von Applaus und Pfiffen. Eine Art Wunder geschah. Langsam wurde ein dünnes Stämmchen sichtbar, und später entfaltete sich sogar eine kleine grüne Krone. Einen Augenblick waren die Umstehenden totenstill, um gleich darauf die Arbeiter zu ermahnen, den jungen Sprössling zu schonen.

Eine solche Geschichte können wir zum Anlass nehmen, unsere Wahrnehmungsfähigkeit zu schärfen, so dass die Gabe des Staunens in uns wieder geweckt und unsere Verbindung mit der Natur lebendiger und inniger wird.

- Betrachten Sie regelmäßig denselben Baum und achten Sie auf die Veränderungen, die sich im Wechsel der Jahreszeiten vollziehen.
- Beobachten Sie immer wieder die Wolken, auch wenn sie

eine geschlossene Wolkendecke bilden. Versuchen Sie sich vorzustellen, wie es oberhalb der Wolkenfelder aussieht.

- Wählen Sie einen bestimmten Ort in der Natur oder im Garten zur regelmäßigen Betrachtung, wobei Sie besonders den Wandel der Farben im Laufe des Jahres beobachten.
- Verfolgen Sie den Wachstumsprozess einer Pflanze: säen, keimen, wachsen, blühen, Samen und Frucht bilden, welken und absterben.
- Notieren Sie Ihre Wahrnehmungen. Wenn Sie das Wahrgenommene zeichnen oder malen, intensivieren Sie das Erlebte.

Als Beispiel folgt eine Reihe von Wahrnehmungen, die ich an der Entwicklung einer Amaryllis gemacht habe. Von den verschiedenen Wachstumsstadien machte ich Bilder mit Pastellkreide.

Der Wachstumsprozess einer Amaryllis

10. Januar
Heute habe ich eine Amarylliszwiebel in die Erde gesteckt. Einige braune Schalen der Blumenzwiebel haben sich bereits gelockert. Da, wo die Schalen sich etwas gelöst haben, ist die Zwiebel grün. Auch ist sie an einigen Stellen beschädigt. Oben, wo sich der neue Blumenstängel bilden wird, ist ein Rest des alten, abgeschnittenen Stängels zu sehen. An der Unterseite hängen einige verbogene und vertrocknete Wurzeln. Die ganze Zwiebel macht einen leblosen und dürren Eindruck. Wie ist es möglich, dass aus solch einer unscheinbaren Knolle eine Amaryllispflanze mit ihren wunderschönen Blüten zum Vorschein kommen wird? Nun heißt es, abzuwarten, bis sich der erste Vegetationspunkt zeigt.

14. Januar
Zu meiner großen Überraschung ist heute bereits ein zarter grüner Punkt sichtbar. In früheren Jahren dauerte es oft wochenlang, bevor sich etwas zeigte. In dem grünen Punkt ist ein roter Schimmer zu verspüren. Wird die Blume womöglich diese Farbe haben? Hinter dem grünen Punkt sind, noch ganz klein, zwei winzige Blattansätze zu sehen.

22. Januar
Die Blattpünktchen sind ganz langsam etwas mehr zum Vorschein gekommen. Der hintere Blattpunkt, der zunächst der kürzere war, ist nun der längste. Die vordere Blattspitze ist etwa 1,5 cm, die hintere 2 cm. Auch auf der hinteren Blattspitze kann man einen roten Schimmer bemerken.

30. Januar
Die Blattspitzen wachsen nur ganz langsam. Im großen und ganzen ist wenig Veränderung wahrzunehmen. Es scheint, als ob der Wachstumsprozess sich zum größten Teil innerhalb der Zwiebel abspielt. Wieviel Geduld doch ein Beobachter haben muss, um die Entwicklung zu verfolgen, voller Vertrauen, dass das, was jetzt noch unsichtbar ist, sichtbar werden wird. Es kommen mir immer wieder Zweifel, ob es mit dieser Zwiebel noch was werden wird. Ist sie vielleicht nicht mehr gut gewesen? Die Blätter sind etwa 4 cm groß.

15. Februar
Die Blätter sind tüchtig gewachsen. Es gibt nun 5 Blattspitzen. Es ist, als ob die Blätter langsam aus dem Nährboden heraus zum Licht hin gezogen werden. Die Blätter wenden sich ein wenig dem Licht zu. Ich wundere mich, warum noch immer keine Blumenknospe zu sehen ist. Auf den Blättern liegt noch immer ein rötlicher Schimmer.
Die Zwiebel wurde vor mehr als einem Monat eingepflanzt. Bisweilen ertappe ich mich bei dem Gedanken, dass die Wachstumsvorgänge eigentlich doch ziemlich eintönig sind und es

wenig zu erleben gibt. Die Tatsache, dass die Blätter in die Höhe wachsen, empfinde ich als einen völlig normalen Vorgang. Aber woher holt eigentlich die Pflanze die Kraft, ein Wachstum zu vollbringen, das der Schwerkraft entgegengesetzt ist? Was spielt sich denn in der Zwiebel ab? Ist die Blumenknospe darin etwa schon ganz klein anwesend? Welch einen Unterschied zwischen der bräunlich-grünlichen, schilfernden Oberfläche der Zwiebel und dem geheimnisvollen Prozess im Innern – ein langsamer Geburtsvorgang. Während ich die Zwiebel und die Blätter betrachte, taucht vor meinem geistigen Auge die blühende Amaryllis auf, wie sie in meiner Erinnerung lebt.

24. Februar
Die Seite der Blumenzwiebel, an der die Blätter zum Vorschein gekommen sind, hat einen Riss bekommen. Zwischen den Blättern ist die Spitze der Blumenknospe zu sehen. Die Wucht, mit der sich diese Knospe aus der Zwiebel schiebt, hat offensichtlich diesen Riss verursacht. Die Knospe hat die Form eines Pfeiles, der inmitten der Blätter nach oben deutet. Die Blätter sind etwa 12 cm hoch.

1. März
Die ganze Knospe ist zwischen den Blättern deutlich sichtbar. Die Blattspitzen stehen ein wenig schief, weil sie vom Licht angezogen werden. Das längste Blatt ist 20 cm lang. Draußen im Garten blühen seit einiger Zeit Schneeglöckchen und Krokusse sowie die ersten Narzissen, denn es ist ein sehr milder Winter. In den letzten Tagen höre ich regelmäßig das Lied der Singdrossel.

12. März
Die Knospe schießt in die Höhe; sie ist in zehn Tagen 15 cm gewachsen! Die gesamte Pflanze ist nun 25 cm hoch. Auffallend bei der Entwicklung dieser Pflanze ist, dass es Phasen sehr langsamen Wachstums gibt und solche mit schnellem Wachstum. Lösen sie einander ab? Im Gegensatz zum Anfang wächst jetzt der

Stiel, auf dem die Knospe sitzt, viel schneller als die Blätter. Diese haben die Voraussetzungen für das Erscheinen der Knospe geschaffen, nun halten sie sich zurück. Der Blumenstiel hat noch mehr Rot in sich als das Blatt und überragt bereits die Blätter.

18. März

Die Pflanze misst jetzt 40 cm. In sechs Tagen ist diese also etwa 15 cm gewachsen. Das ist mehr als 2 cm pro Tag. Eine gewaltige Beschleunigung des Wachstums: 1. März – 20 cm; 12. März – 25 cm; 18. März – 40 cm.

Immer wieder fällt mir auf, dass man nur das jeweilige Ergebnis des Wachstumsvorgangs wahrnimmt. Das tatsächliche Wachsen bleibt dem Auge verborgen. Auch die Skizzen, die ich mache, geben nur Momentaufnahmen wieder. Die Entfaltung der Pflanze findet *zwischen* meinen aufeinanderfolgenden Beobachtungen statt. Auch die Entwicklung der Blumenknospe geschieht unsichtbar – ein geheimnisvolles Ereignis. In der winzigen Knospe bildet sich die große Blume heran, genau wie sich der Schmetterling innerhalb der Puppe verwandelt. Man nimmt den Entwicklungsablauf selbst nicht wahr, nur das jeweilige Zwischenergebnis.

Zwischen Himmel und Erde, Licht und Dunkel findet ein dynamisches Wechselspiel statt. Das, was als Möglichkeit in Zwiebel und Knospe veranlagt ist, wird von Licht und Wärme, Erde und Wasser hervorgebracht. Hier stoßen wir auf ein wesentliches Merkmal von Entwicklung überhaupt: etwas, was als Keim verborgen ist, zum Vorschein bringen.

Die Pflanze schenkt uns viele symbolhafte Bilder, die ein neues Licht auf den menschlichen Entwicklungsgang werfen. Im Innern der Blumenzwiebel, von verschiedenen Schichten umhüllt, ruht das Geheimnis der zukünftigen Blume. Ebenso ist oft das Wesentliche im Menschen von vielen Schichten schützend zugedeckt. Auch er muss gleichsam Wurzel schlagen, um zu gedeihen. Wie die Pflanze benötigt er Licht und Wärme, um seine Veranlagungen zur Entfaltung zu bringen. Im Laufe des Lebens durchläuft er viele Male hintereinander einen ähnlichen Zyklus wie die Pflanze: in jeder Lebensepoche spannt sich ein Bogen, der von Wachsen, über Blühen und Welken zum Absterben führt, um dann in der nächsten Phase von einem neuen Zyklus abgelöst zu werden. Immer wieder kommt aus dem bereits Bestehenden etwas Neues hervor. Im Verborgenen lebt die große Weisheit, die in der Pflanze wirksam ist und die imstande ist, Materie in eine leuchtende Blume umzuwandeln, die dem Licht entgegenstrebt.

28. März
Seit dem 18. März ist die Pflanze 12 cm gewachsen. Die Gesamthöhe beträgt nun 52 cm. Der stärkste Entwicklungsschub hat sich – für das Auge unsichtbar – in der Knospe abgespielt. Am 24. März entsteht an der oberen Seite der Knospe ganz langsam eine Öffnung. Die Kelchblätter gehen auf, weil die Knospe dicker wird und weiterwächst. Aus dieser einen Knospe kommen nun zwei weitere zum Vorschein. Ich habe heute den Blumentopf, der bis jetzt vor einem Nordfenster stand, vor ein Südfenster gestellt.

29. März
Die zwei Kelchblätter wickeln sich allmählich auf. Die beiden Blumenknospen neigen sich langsam nach links und nach rechts hinüber.

30. März
Eine der Knospen öffnet sich. Die Kelchblätter, die die Knospe so sorgsam umhüllt und beschützt haben, schrumpfen und bilden sich ganz zurück. Was in einer bestimmten Entwicklungsphase eine Funktion hatte, hat seine Schuldigkeit getan. Die Amaryllis ist wie ein riesiger Schmetterling, der langsam aus seiner Hülle hervortritt, um dem Licht entgegenzufliegen.

1. April
Beide Blüten haben sich nun ganz entfaltet: zwei Kelche, die sich dem Licht weit öffnen. Jede Blume hat einen Stempel mit

einem langen Griffel und sechs Staubfäden. Der Blütenstaub sitzt auf länglichen Körbchen oben an den Staubfäden. Die Pollen sind sehr beweglich, als ob sie sich um ein Scharnier drehen würden. Die roten Blüten haben weiße Streifen und sechs Kronblätter, die wie zwei Dreiecke ineinandergreifen. Während des Wachstumsgeschehens ist die Zwiebel geschrumpft.

15. April
Die Amaryllis hat lange geblüht, fast zwei Wochen lang. In der vergangenen Woche fingen die Blütenblätter an, sich einzurollen. Innerhalb weniger Tage waren die Blüten verwelkt. Die Aufwärtsbewegung hat sich in eine Abwärtsbewegung umgewandelt. Langsam werden die Blütenblätter braun und schlaff, schrumpfen und fallen ab. Zwischen dem Einpflanzen der Zwiebel und dem Beginn der Blüte liegt eine Zeitspanne von elf Wochen. Die eigentliche Blüte selbst dauerte dann noch einmal zwei Wochen. Ich setze die verblühte Pflanze in den Garten, in der Hoffnung, sie im nächsten Frühjahr wieder zum Blühen bringen zu können.

Während ich die Pflanze betrachte, nehme ich gleichzeitig wahr, was sich in meinem Inneren abspielt:

- die Übung erfordert *Geduld,* der Beobachter muss *warten* können, bis etwas geschieht;
- er muss darauf *vertrauen,* dass etwas, was unsichtbar war, zum Vorschein kommen wird;
- bei den regelmäßig durchgeführten Beobachtungen empfindet er es zunächst als selbstverständlich, dass Pflanzen wachsen und blühen. Er muss lernen, in diesem Vorgang wieder das verborgene *Wunder* zu entdecken;
- es erfüllt ihn mit *Ehrfurcht,* dass aus der dürren Zwiebel eine prächtige Blüte zum Vorschein kommt;
- durch die konzentrierte Wahrnehmung und indem er regelmäßig die Pflanze malt, *verbindet er sich* mit der Amaryllis.

Im Laufe dieser Wahrnehmungsübung erkannte ich, wie wichtig bestimmte Qualitäten für unsere Entwicklung als Mensch sind: Geduld, Vertrauen, Staunen können, Aufmerksamkeit, Ehrfurcht und Anteilnahme. Wer sich eingehend mit einer Sache beschäftigt, schult und verstärkt diese Fähigkeiten. In der Erzählung *Der kleine Prinz* schildert Antoine de Saint-Exupéry die Beziehung zwischen einem Jungen und einer Blume. Der kleine Prinz wohnt auf einem kleinen Planeten. Dort wächst eine Rose, die er liebevoll pflegt. Eines Tages entschließt er sich, auf eine Reise zu gehen. Er nimmt Abschied von seinem Planeten und seiner Rose. Auf der Erde angelangt, sieht er einen Garten, in dem viele blühende Rosen wachsen. Das betrübt ihn sehr, denn er hat sich mit der einen Rose auf seinem Planeten immer sehr reich gefühlt, meinte er doch, dass sie die einzige Rose im Weltall sei. Dann begegnet der kleine Prinz dem Fuchs, der ihm sagt: *»Die Zeit, die du für deine Rose verloren hast, sie macht deine Rose so wichtig.«* Genau das habe ich während der langen Zeit der Beobachtung der wachsenden Amaryllis erlebt.

Die Zeit geht nicht

Die Zeit geht nicht, sie stehet still
Wir ziehen durch sie hin;
Sie ist ein Karawanserei,
Wir sind die Pilger drin.

Ein Etwas, form- und farbenlos,
Das nur Gestalt gewinnt,
Wo ihr drin auf und nieder taucht,
Bis wieder ihr zerrinnt.

Es blitzt ein Tropfen Morgentau
Im Strahl des Sonnenlichts;
Ein Tag kann eine Perle sein
Und ein Jahrhundert nichts.

Es ist ein weißes Pergament
Die Zeit, und jeder schreibt
Mit seinem roten Blut darauf,
Bis ihn der Strom vertreibt.

An dich, du wunderbare Welt,
Du Schönheit ohne End,
Auch ich schreib meinen Liebesbrief
Auf dieses Pergament.

Froh bin ich, dass ich aufgeblüht
In deinem runden Kranz;
Zum Dank trüb ich die Quelle nicht
Und lobe deinen Glanz.

Gottfried Keller

Vom Umgang mit der Zeit

Es gibt ein großes und doch ganz alltägliches Geheimnis. Alle Menschen haben daran teil, jeder kennt es, aber die wenigsten denken je darüber nach. Die meisten Leute nehmen es einfach so hin und wundern sich kein bisschen darüber. Dieses Geheimnis ist die Zeit.

Es gibt Kalender und Uhren, um sie zu messen, aber das will wenig besagen, denn jeder weiß, dass einem eine einzige Stunde wie eine Ewigkeit vorkommen kann, mitunter kann sie aber auch wie ein Augenblick vergehen – je nachdem, was man in dieser Stunde erlebt.

Denn Zeit ist Leben. Und das Leben wohnt im Herzen.

Und genau das wusste niemand besser als die grauen Herren. Niemand kannte den Wert einer Stunde, einer Minute, ja einer einzigen Sekunde Leben so wie sie. Freilich verstanden sie sich auf ihre Weise darauf, so wie Blutegel sich aufs Blut verstehen, und auf ihre Weise handelten sie danach.

Sie hatten ihre Pläne mit der Zeit der Menschen. Es waren weit gesteckte und sorgfältig vorbereitete Pläne. Das Wichtigste war ihnen, dass niemand auf ihre Tätigkeit aufmerksam wurde. Unauffällig hatten sie sich im Leben der großen Stadt und ihrer Bewohner festgesetzt. Und Schritt für Schritt, ohne dass jemand es bemerkte, drangen sie täglich weiter vor und ergriffen Besitz von den Menschen.

Sie kannten jeden, der für ihre Absichten in Frage kam, schon lange bevor der Betreffende selbst etwas davon ahnte. Sie warteten nur den richtigen Augenblick ab, in dem sie ihn fassen konnten. Und sie taten das ihre dazu, dass dieser Augenblick eintrat.

Dieser Text ist dem Jugendbuch *Momo* von Michael Ende[31] entnommen, einer hervorragenden Lektüre sowohl für Menschen, die sich mit dem Phänomen Zeit auseinandersetzen wollen, als auch für diejenigen, die das Gefühl nicht loswerden, zu wenig Zeit zu haben. Momo ist ein Naturkind, das in einer alten Ruine am Rande der Stadt wohnt. Das Mädchen hat keine Eltern mehr, aber dafür viele Freunde. Aus der Stadt zieht es die Menschen zu ihr, weil sie sehr gut zuhören kann. So wie Momo zuhört, erleichtert es jedem das Herz.

Die Stadt wächst schnell. Neubauviertel mit eintönigen Straßen entstehen. Die Wärme verschwindet aus dem Leben der Stadtbewohner, niemand nimmt sich mehr Zeit für den anderen, hastig laufen sie aneinander vorbei: die Stadt ist in den Griff der »Zeit-Diebe« geraten. »Zeit ist Geld«, und darum ist man gut beraten, Zeit zu sparen, denn das bringt Zinsen! Momo und die Zeit-Sparer leben in einander entgegengesetzten Welten. Ein Kampf bricht aus zwischen der Welt der kühlen Berechnung und Gewinnsucht und der Welt des Herzens, in der Platz für Wärme, Freundschaft, Phantasie und Staunenkönnen ist, zwischen »Zeit ist Geld« und »Zeit ist Leben«.

Hier ist ein gesellschaftliches Problem dargestellt, das uns allen zu schaffen macht. Auch uns wird fortwährend vorgegaukelt, dass wir durch allerlei Erfindungen Zeit sparen. In Wirklichkeit haben wir aber immer weniger Zeit. Eile und Hast sind unsere täglichen Gefährten. Immerzu wird das Tempo beschleunigt: Schnellverkehr, Hochgeschwindigkeitszüge, Kurierdienste und Schnellimbiss. Unsere Sprache verrät, wie wir mit der Zeit als einem Faktor der Nützlichkeit umgehen: Zeit ist Geld, Zeit gewinnen, keine Zeit verlieren, Zeit vergeuden; Zeit, die nicht sichtbar produktiv angewandt wird, betrachten wir als »verlorene Zeit«. Es ist »schade um die Zeit«, wenn jemand nichts tut oder in Gedanken versunken ist. Momo hat dagegen immer Zeit, und so ist ihr Wesen wohltuend und heilsam.

Was die kleine Momo konnte wie kein anderer, das war: Zuhören. Das ist doch nichts Besonderes, wird nun vielleicht mancher Leser sagen, zuhören kann doch jeder.

Aber das ist ein Irrtum. Wirklich zuhören können nur ganz wenige Menschen. Und so wie Momo sich aufs Zuhören verstand, war es ganz und gar einmalig.

Momo konnte so zuhören, dass dummen Leuten plötzlich sehr gescheite Gedanken kamen. Nicht etwa, weil sie etwas sagte oder fragte, was den anderen auf solche Gedanken brachte, nein, sie saß nur da und hörte einfach zu, mit aller Aufmerksamkeit und aller Anteilnahme. Dabei schaute sie den anderen mit ihren großen, dunklen Augen an, und der Betreffende fühlte, wie in ihm auf einmal Gedanken auftauchten, von denen er nie geahnt hatte, dass sie in ihm steckten.

Sie konnte so zuhören, dass ratlose oder unentschlossene Leute auf einmal ganz genau wussten, was sie wollten. Oder dass Schüchterne sich plötzlich frei und mutig fühlten. Oder dass Unglückliche und Bedrückte zuversichtlich und froh wurden. Und wenn jemand meinte, sein Leben sei ganz verfehlt und bedeutungslos und er selbst nur irgendeiner unter Millionen, einer, auf den es überhaupt nicht ankommt und der ebenso schnell ersetzt werden kann wie ein kaputter Topf – und er ging hin und erzählte alles das der kleinen Momo, dann wurde ihm, noch während er redete, auf geheimnisvolle Weise klar, dass er sich gründlich irrte, dass es ihn, genauso wie er war, unter allen Menschen nur ein einziges Mal gab und dass er deshalb auf seine besondere Weise für die Welt wichtig war.

So konnte Momo zuhören.

Während eines Gesprächs über das Rätsel der Zeit wird von einem Seminarteilnehmer die Frage aufgeworfen: »Wie kommt es, dass mir die Zeit durch die Finger rinnt, seit ich mit ihr machen kann, was ich will?« Ein anderer sagt: »Manchmal habe ich zu wenig Zeit, und manchmal schlage ich die Zeit nur tot.« Vielleicht kann man das Problem, wie man einen erfüllten Umgang mit der Zeit erreicht, in die Formel fassen: »Es geht nicht darum, wie viele Jahre man in seinem Leben, sondern wie viel Leben man in seinen Jahren unterbringt.«

In unserer Zeit haben wir uns dem eigentlichen Wesen der Zeit entfremdet. Wir bringen den Begriff nur noch mit der Uhrzeit in Verbindung. Sie vermittelt nichts Sinnvolles über das Phänomen Zeit, sie teilt sie höchstens in gleich große Einheiten auf. Ein Reisender aus dem Fernen Osten war von den vielen Präzisionsuhren an unseren Türmen und Bahnhöfen beeindruckt. Als er Abschied nahm, sagte er: »Ihr im Westen *wisst* immer genau, welche Zeit es ist, wir im Osten aber *haben* Zeit.«

Die wirkliche Zeit hängt mit den Bewegungen und Rhythmen des Kosmos zusammen. Zeit gestaltet sich durch Rhythmen, von ganz kurzen bis zu sehr langen. Es gibt den Rhythmus des Generationenwechsels und der einzelnen Lebensphasen in der menschlichen Biographie, den Rhythmus der Wochentage und Monate, von Tag und Nacht. Ein Leben lang trägt der Rhythmus von Puls und Atmung den Menschen. Die Natur ist von Rhythmen durchzogen: die Jahreszeiten, Ebbe und Flut, der Zyklus von Keimen, Blühen und Welken, die kosmischen Rhythmen von Sternen, Sonne und Mond.

Die Rotation der Erde um ihre Achse verursacht den Wechsel von Tag und Nacht. Durch den Lauf der Erde um die Sonne entstehen die Jahreszeiten. In jedem Augenblick des Tages geht auf der Erde die Sonne irgendwo auf und irgendwo unter. Das geschieht tagein tagaus, jahrein jahraus. Jeden Tag rollt sozusagen über die Erde eine Welle von Wachen und Schlafen. Wer sich diese kosmischen Zyklen vorzustellen versucht, bekommt eine Ahnung von der wirklichen Qualität der Zeit.

Zum Wesen des Rhythmus gehört die Wiederholung des Vorangegangenen, jedoch nicht als reine Kopie, sondern in einer differenzierten, vielleicht etwas abgewandelten Form. Deswegen sind die rhythmischen Prozesse im Menschen wechselnd und vielfältig, im Gegensatz zu den Abläufen einer Maschine, bei der sich die Bewegungsabläufe monoton wiederholen. Aber auch im Verhältnis zu unserer Umwelt sind lebendige Rhythmen unentbehrlich. Wird eine Tätigkeit eintönig, so langweilen wir uns; wir empfinden sie als geisttötend und fühlen uns wie in einer Tretmühle.

In unserer Arbeitswelt haben Uhrzeit und Terminkalender die Lebensrhythmen fest in der Hand. Dagegen verändert sich im Ruhestand das Verhältnis zur Zeit grundlegend. Der Druck des Weckers fällt weg. Auf einmal hat der Mensch endlos viel Zeit, er kann über seine Zeit frei verfügen und sie sich für alles Mögliche nehmen. Weil aber seine Zeit von nun an unbegrenzt ist, sollte er sie selbst gliedern, so dass er festen Boden unter die Füße bekommt und Herr seiner Zeit wird. Er sollte aus freiem Entschluss seinem Leben einen neuen Rhythmus geben, denn sonst zerrinnt ihm die Zeit wie Wasser zwischen den Fingern. Die neue Herausforderung besteht darin, den Tag nicht irgendwie auszufüllen, sondern allein oder zusammen mit seinem Partner der Zeit anderen Sinn und Inhalt zu geben. Sonst läuft man Gefahr, in ausgedienten Lebensgewohnheiten stecken zu bleiben. Leicht verfällt man einer der beiden extremen Verhaltensweisen, nämlich entweder gar nicht zu wissen, was man mit seiner Zeit anfangen soll, oder aber fortwährend das Gefühl zu haben, dass die Zeit nicht ausreicht, wobei man geschäftig von einem zum anderen rennt, sich beklagt, dass der Tag nicht mehr als vierundzwanzig Stunden hat, und nicht begreift, dass man früher noch dazu gearbeitet hat. In beiden Fällen ist der Mensch nicht Herr seiner Zeit. Kräfte, die er nicht kontrollieren kann, bestimmen, wie er seine Zeit anwendet. Er befindet sich sozusagen in einem Schiff, das weder Segel noch Ruder hat und von den Wellen hin- und hergeschleudert wird. Einmal ist er nahe am Ertrinken, dann wieder gerät er in eine Windstille und treibt steuerlos umher.

Der neue Lebensabschnitt wird am Besten auf einem goldenen Mittelweg beschritten: Man sollte sich Zeit nehmen, sowohl um sich aktiv zu beschäftigen als auch um sich zu erholen. Auch für Meditation und Gebet und besinnliche Momente, die einen Rückblick auf die Vergangenheit zulassen, sollte genügend Raum geschaffen werden. So entsteht ein Gleichgewicht zwischen äußerem und innerem Tätigsein, ein gesunder Rhythmus wie Ein- und Ausatmen.

Eine andere Gefahr besteht darin, dass der Rentner die Zeit auszufüllen versucht, indem er seine täglichen Aktivitäten zeitlich ausdehnt: er bleibt länger im Bett, sitzt länger am Tisch, liest ausführlicher Zeitung, verwendet mehr Zeit zum Einkaufen usw. Aus Gesprächen mit Menschen, die schon länger im Ruhestand sind, geht hervor, dass diese Lebensweise wenig befriedigt. Am Ende der Woche fragt man sich, was man bloß mit seiner ganzen Zeit gemacht hat. Seminarteilnehmer berichten, dass sie, um aus dieser Sackgasse herauszukommen, mit einem »Zeittagebuch« angefangen hatten. Jeden Abend notierten sie darin kurz den Tagesablauf. Das half ihnen, die Zeit wieder in den Griff zu bekommen. Nach einer Woche oder einem Monat lasen sie nach, wie sie mit ihrer Zeit umgegangen waren, und nahmen diese Aufzeichnungen zum Anlass, ihren Alltag neu zu ordnen. Eine Teilnehmerin erzählt, dass sie allabendlich auf den vergangenen Tag zurückblickt; das war ihr eine wirksame Hilfe beim bewussten Umgang mit der Zeit. Ab und zu kann man sich auch die Frage stellen: Was würde ich machen, wenn ich nur noch ein Jahr, einen Monat, eine Woche oder einen Tag Zeit zur Verfügung hätte?

Wer aus dem Berufsleben ausscheidet, sollte sich zunächst einmal ruhig die Zeit gönnen, sich nur um sich selbst zu kümmern, d.h. einfach die neu gewonnene Freiheit zu genießen und sich an die geänderten Lebensverhältnisse zu gewöhnen. Das kann bedeuten, dass man Anfragen, die bestimmte Aufgaben betreffen, z. B. den Vorstand eines Vereins oder ehrenamtliche Arbeit zu übernehmen, vorläufig ablehnt. Eine solche Phase der Gewöhnung und inneren Sammlung hilft herauszufinden, was man wirklich möchte. Wiederum hilft uns die Sprache, über unser Verhältnis zur Zeit nachzudenken: Zeit ist der beste Ratgeber; die Zeit heilt alle Wunden; die Zeit steht nicht still; alles zu seiner Zeit; kommt Zeit kommt Rat; verlorene Zeit kommt nie wieder; Zeit gewonnen, viel gewonnen; die Zeit totschlagen; sich Zeit lassen; die Zeit war noch nicht reif dafür; mit der Zeit gehen; seine Zeit vergeuden. Auch kurze Texte regen zum Nachdenken über die Zeit an:

»Dass Gott für dich Zeit haben soll, hältst du
sicher für ebenso selbstverständlich wie dies,
dass du keine Zeit für Gott haben kannst.«

Dag Hammarskjöld[32]

»Gott hat die Zeit erschaffen, Hast und Eile
hat er aber nicht erwähnt!« *(Finnisches Sprichwort)*

Wie gestalte ich meine Zeit sinnvoll?

In vielen Bereichen bieten sich für den Ruheständler neue Tätigkeitsfelder an, wobei verschiedenste Aspekte des Menschseins angesprochen werden: neue Kontakte, kreative Aktivitäten, Weiterbildung oder soziales Engagement. Wir schildern einige Bereiche, die neue Chancen der Betätigung eröffnen:

- *Fähigkeiten, die man im Berufsleben entwickelt* und mit Freude eingesetzt hat, wendet man in anderen Situationen an. Wer Qualitäten auf dem Gebiet des Managements oder im finanziell-administrativen Bereich hat, bringt seine Kapazitäten in Vereinen und gemeinnützigen Organisationen ein, wie Wohlfahrtsverbänden, politischen Parteien, Flüchtlingshilfswerken, Greenpeace, Amnesty International, Bund für Naturschutz, Kirchengemeinde, Deutsches Rotes Kreuz, Patientenvereinigungen, Nachbarschaftstreffs oder Kulturzentren. Es gibt spezielle Organisationen, in denen Männer und Frauen uneigennützig ihr Fachwissen und ihre Erfahrung an Interessierte aller Altersstufen weiterreichen. Das kann für Arbeitslose oder Frührentner interessant sein.
- *Interessengebiete und Hobbys* baut man weiter aus und nimmt Kontakt mit Gleichgesinnten auf. Ein Hobby wie Fotografie wird z.B. intensiviert, indem man sich auf ein Spezialgebiet verlegt wie Landschafts- oder Pflanzenstudien. Wer regelmäßig Ferien in einem bestimmten Land macht, vertieft sich vielleicht in die Kultur und Sprache des Landes oder der bestimmten Gegend. Eine Vorliebe für Kunst und Museen wird zum Anlass genommen, ein Seminar über Kunstgeschichte zu besuchen oder ein entsprechendes (Gast-)Studium aufzugreifen.
- *Was man schon immer mal machen wollte,* nimmt man in Angriff, d.h. die »schlafenden Augen« werden geweckt und zum Keimen gebracht.
- *Verpasste Entwicklungschancen* werden nachgeholt. Man wendet sich völlig neuen Erfahrungsgebieten zu; das kann ein Kurs in der Volkshochschule oder Tanzunterricht sein. Manche Menschen schließen ihre Berufskarriere mit einer Pilgerfahrt nach Santiago de Compostela ab.
- *Sich mehr Zeit nehmen* für Kinder und Enkelkinder, Verwandte, Bekannte, Freunde.

Konkrete Beispiele machen Mut: Wie haben es andere geschafft? Es folgen daher einige Berichte[33] aus ganz verschiedenen Lebensumständen:

Eine Grundschullehrerin, seit ihrem 59. Lebensjahr erwerbsunfähig, erzählt: In unserem Wohnviertel hielt eine Nachbarschaftsorganisation eine Veranstaltung ab unter dem Motto ›Das Alter, eine schöne Zeit‹. Nach einer ganzen Woche mit allerlei Aktivitäten wurde eine Arbeitsgruppe gegründet, die sich unter der Betreuung von Fachleuten für die Belange älterer Menschen in dem Viertel engagieren wollte. Ich schloss mich dieser Gruppe an. Jahrelang hatte ich mich für die Jugend eingesetzt, nun wollte ich etwas für meine Altersgenossen tun. Warum sollte ich meine Fähigkeiten des Sprechens und des Schreibens nicht weiterhin zum Guten anwenden?

Während ich mit den unterschiedlichsten Leuten umgehe, arbeite ich gleichzeitig an meiner Persönlichkeit. Mein Alter, ich bin mittlerweile achtundsechzig Jahre alt, spielt bei dieser Arbeit keine Rolle. In unserer Arbeitsgruppe gibt es Damen zwischen dreißig und achtzig Jahren. Wir arbeiten ausgezeichnet zusammen – warum auch nicht? Wenn ich etwas für andere bedeute, stärkt das mein Selbstwertgefühl. Was ist eigentlich Altsein? Ein Wehwehchen hier und eine Beschwerde dort? Das gehört nun einmal dazu.

(...) Ein Bleistift, ein Heft, eine Tasse Kaffee und dann schreiben ... seit sechzig Jahren ist das glückliche Gefühl, das diese Tätigkeit erzeugt, gleich groß geblieben. Eine solche Beschäftigung, die einem ein Leben lang Freude bereitet, wünsche ich jedem Menschen. Jeder hat in der Schule schreiben gelernt und vielleicht später den einen oder anderen Brief geschrieben, mit dem er jemanden glücklich gemacht hat. Schreiben ist also eine Allerweltskunst. Ich möchte allen, auch alten Menschen, ausdrücklich empfehlen, es zu versuchen.

Ich erlitt das Schicksal, das heutzutage immer mehr Menschen trifft. Jahrzehntelang hatte ich einen Beruf ausgeübt, den ich liebte. Von einem Tag auf den anderen war es aber aus damit. Es heißt doch so schön »den Ruhestand genießen«! Aber wie macht man das? In meinem Fall tauchte dieses Problem schon sehr früh auf, denn 1955 gingen Flugkapitäne bei der KLM mit fünfzig Jahren in Rente – erbarmungslos. (...) Außerdem ist mein jetziges Leben als Pensionär ebenso interessant wie damals, als ich nach New York oder Java flog, denn die Welt des Schreibens (neben der des Lesens) ist noch viel umfassender und weiter als die Welt, die ich in allen Richtungen bereist habe. Wem gehört die Welt? Sie gehört jedem, der darüber nachdenken, lesen oder schreiben will. Sie brauchen nur einen Bleistift und ein Heft zu nehmen, nicht nächste Woche, sondern heute, nachdem der Fernseher ausgeschaltet ist. Diesen Ratschlag möchte ich jedem meiner Schicksalsgenossen geben.

Vor zehn Jahren meldete Frau D. sich als bereits älterer Mensch an einer Schule an, um den Realschulabschluss nachzuholen. »Als Kind hätte ich gerne eine weiterführende Schule besucht, aber das kam für ein Mädchen aus einer Bauernfamilie mit elf Kindern nicht in Frage. Ich heiratete und bekam selbst auch elf Kinder.« Als es vor einigen Jahren für Erwachsene möglich wurde, Teilzertifikate für bestimmte Fächer zu erwerben, nahm sie ihre Chance wahr: »Einige meiner Verwandten sind emigriert, deswegen wählte ich Englisch als erstes Fach.« Bald folgte Niederländisch. »Ich freute mich, wieder die Schulbank zu drücken. Dass meine Mitschüler viel jünger waren, war für mich kein Problem. Aus dieser Studienzeit sind mir viele Kontakte erhalten geblieben.« Anschließend nahm sie sich Geographie und Geschichte vor. Auch für diese beiden Fächer erwarb sie das Teilzertifikat . »Als fünftes Fach wählte ich Biologie. Das interessierte mich als Bauerntochter.« Schließlich beendete Frau D. als Einundsiebzigjährige ihr Studium. »Ältere Menschen, die Lust und Gelegenheit zu studieren haben, sollten das unbedingt machen. Ich spüre, dass ich jetzt, was das Lernen anbelangt, aufnahmefähiger bin als vor zehn Jahren.«

Mit fünfundsechzig Jahren machte Ignaz B. (der bis dahin in einer Hilfsorganisation tätig war) eine Pilgerfahrt nach Santiago de Compostela. Er legte in viereinhalb Monaten 2800 Kilometer zurück. Während dieser langen Fußwanderung nahm er Schritt für Schritt von seinem aktiven Leben Abschied. »Den Schmerz und den Kummer, den ich unterwegs antreffen würde, wollte ich im stillen Gebet den höheren Mächten anvertrauen. Während einer solchen Wanderung hat man viel Zeit zum Nachdenken. Ich habe mir das Ziel gesetzt, während der Reise mich Gott ganz zu öffnen. (...) Am tiefsten empfand ich den Kontakt mit der Erde, den Tieren und der Natur. Alles um einen herum hat seine eigene Sprache. Ich spürte ganz stark, dass Gott Tag um Tag mit mir wanderte. Unterwegs war ich in einem nie enden wollenden Gespräch mit demjenigen, der größer ist als ich und der sich in der Natur offenbart. Die Natur ist das beste Buch für den Menschen. Ich nahm die Harmonie wahr, die zwischen den Dingen lebt.«

Philipp Groeneveld wohnt in einer der schönsten Ecken des Malerdorfs Laren, wo man ihn den »Herrn der sieben Gärten« nennt. Seine Gartenanlagen, die regelmäßig von Liebhabern aus dem In- und Ausland besucht werden, sind nicht von einem Gartenarchitekten geplant worden.

Das ganze Gelände hat er in fast dreißig Jahren eigenhändig mit viel Phantasie geschaffen. (...) Als ich durch das Tor zum Garten ging, ahnte ich zunächst nicht, was mich erwarten würde. Philippe Groeneveld führte mich zu einer Laube im Obstgarten, wo sich eine wunderbare Aussicht auf blühende Büsche auftat. Während wir miteinander sprachen, fiel mir auf, wie still es um uns herum war. »Ich möchte, dass die Besucher die Stille intensiv erleben. In aller Bescheidenheit betrachte ich die Arbeit meiner Hände ein wenig wie den verlängerten Arm des lieben Gottes. Man kann mir natürlich entgegenhalten, dass in unserer Welt ein solches Chaos herrscht, dass es wenig ausmacht, ob hier ein schöner Garten ist oder nicht. Ich teile diesen Gesichtspunkt nicht. Jeder Beitrag zur Erschaffung einer harmonischeren Welt, wie klein er auch sein mag, ist wertvoll. Der Aufenthalt in diesem Garten tut den Besuchern auf jeden Fall gut. Was hier zustande gekommen ist, ist natürlich nicht allein mein Verdienst. Es geht hier um den Umgang mit dem Wesen der Erde, lange bevor die Umweltminister dieses Thema entdeckten. (...) Wenn man sich der Stille hingibt, öffnen sich Welten, von denen der normale Mensch nur undeutliche Ahnungen hat. Dieses Lauschen ist nicht an einen Ort gebunden. Im Grunde geht es darum, dass man als Mensch wieder über kleine Dinge staunen kann.«

Ein guter Fotograf braucht seine Objekte nicht weit zu suchen. Wie wahr diese Aussage ist, erlebt man, wenn man die Ausstellung der achtundsiebzigjährigen Amateurfotografin Marlies H. besucht. Der größte Teil ihrer Arbeiten ist in der unmittelbaren Umgebung ihres Hauses entstanden. Es sind wunderschöne Farbaufnahmen der Brabanter Landschaft. Ihr Alter hindert die Fotografin nicht daran, sich begeistert ihrem Hobby zu widmen. Dass ihr das Gehen ein wenig schwer fällt, nimmt sie in Kauf, denn sie will unbedingt in Bewegung bleiben. »Immer habe ich die Kamera dabei. Ich betrachte meine Umgebung aufmerksam. Die Schönheit der Natur ist immer wieder überwältigend. Vor allem seit ich mich auf die Fotografie verlegt habe, sehe ich die Dinge um mich herum mit anderen Augen. Der Blick wird geschärft und die Freude am Wahrgenommenen wächst. Früher, als unsere Kinder noch klein waren, machte mein Mann die Bilder. Später fotografierte ich zwar auch selbst, aber es waren halt typische Ferienbilder.« Nach einigem Zögern, weil sie meinte, sie sei vielleicht zu alt, trat sie in einen Fotoclub ein. »Dort fand ich, was ich schon lange suchte, nämlich Menschen, die sich eingehend mit Fotografie beschäftigen. Jeder bringt regelmäßig seine Arbeiten zu den Treffen mit und diese werden gemeinsam besprochen. So erweitere ich meinen Blick für Fotografie und lerne ständig von den anderen. Auch meine eigene Arbeit betrachte ich seitdem kritischer.«

Mit kräftigem Anschlag lässt Frau L. die Akkorde erklingen. Dass sie einundachtzig Jahre alt ist, ist ihrem Klavierspiel nicht anzuhören. Bei den Nachtstücken von Schumann scheint ihre gewohnte Energie kurz nachzulassen, aber sie erholt sich schnell und spielt unverdrossen weiter. Von Fachleuten wird ihr Spiel sehr geschätzt. Überall, wo sie auftritt, gehört sie zu den ältesten Mitwirkenden, so auch beim Klavierwettbewerb für ältere Amateurmusiker in Amsterdam, der, soweit mir bekannt, einzigartig in der Welt ist. »Musik schenkt mir unglaublich viel Freude. Beim Üben vergesse ich alles um mich herum, auch meine Sorgen. Ich werde spielen bis an mein Lebensende, wenn es mir vergönnt ist. Ich bin für jeden Tag, an dem ich noch spielen kann dankbar.«

Der erwähnte Wettbewerb für ältere Menschen hat viel Resonanz gefunden. Der siebenundfünfzigjährige Kees Bergman z. B., der nach zweiunddreißig Jahren Lehrertätigkeit aus dem Berufsleben ausschied, übt als Vorbereitung zum Wettbewerb täglich zwei bis drei Stunden.»Musik ist für mich zu einem zweiten Leben geworden. Ich erlebe die Musik jetzt ganz anders als mit dreißig Jahren.«

Der fünfundachtzigjährige Karl Z. konnte es nicht fassen, dass er mit seinem Gemälde »Trauma« den Preis für Amateurmaler gewonnen hatte, denn er empfand sich selbst gar nicht als guten Maler! »Ich lebe seitdem wie in einem Rausch, ich kann es noch immer nicht fassen, dass mein Bild prämiert wurde.« Z. ist Mitglied im Verein »Die Sonntagsmaler« in Amsterdam. Erst vor zehn Jahren hat er sich auf die Malerei verlegt. »Eigentlich bin ich zufällig zu der Malerei gekommen. Eines Tages nahm mich ein Freund zu einer Sitzung der Sonntagsmaler mit.« Z. hat vor dieser Zeit nie gemalt, er war von Beruf Schreiner und ging völlig in seiner Arbeit auf, bis er in den Ruhestand trat. »Ich bin ein alter Mann. Meine Zeit geht zu Ende, aber ich habe in meinem Leben viel Freude gehabt.«

Abschließen möchte ich mit einem Bild aus dem *Kleinen Prinzen* von Antoine de Saint-Exupéry; es zeigt, wie man auf zweierlei Weise mit seiner Zeit umgehen kann:

»Guten Tag«, sagte der kleine Prinz.

»Guten Tag«, sagte der Händler.

Er handelte mit höchst wirksamen, durststillenden Pillen. Man schluckt jede Woche eine und spürt überhaupt kein Bedürfnis mehr zu trinken.

»Warum verkaufst du das?« fragte der kleine Prinz.

»Das ist eine große Zeitersparnis«, sagte der Händler. »Die Sachverständigen haben Berechnungen angestellt. Man erspart dreiundfünfzig Minuten in der Woche.«

»Und was macht man mit diesen dreiundfünfzig Minuten?«

»Man macht damit, was man will ...«

»Wenn ich dreiundfünfzig Minuten übrig hätte«, sagte der kleine Prinz, »würde ich ganz gemächlich zu einem Brunnen laufen ...«

Als Rentner hat man jede Menge Zeit, zum Brunnen zu laufen ...

Stufen

Wie jede Blüte welkt und jede Jugend
Dem Alter weicht, blüht jede Lebensstufe
Blüht jede Weisheit auch und jede Tugend
Zu ihrer Zeit und darf nicht ewig dauern.
Es muss das Herz bei jedem Lebensrufe
Bereit zum Abschied sein und Neubeginne,
Um sich in Tapferkeit und ohne Trauern
In andre, neue Bindungen zu geben.
Und jedem Anfang wohnt ein Zauber inne,
Der uns beschützt und der uns hilft zu leben.

Wir sollen heiter Raum um Raum durchschreiten,
An keinem wie an einer Heimat hängen,
Der Weltgeist will nicht fesseln uns und engen,
Er will uns Stuf um Stufe heben, weiten.
Kaum sind wir heimisch einem Lebenskreise
Und traulich eingewohnt, so droht Erschlaffen;
Nur wer bereit zu Aufbruch ist und Reise,
Mag lähmender Gewöhnung sich entraffen.

Es wird vielleicht auch noch die Todesstunde
Uns neuen Räumen jung entgegensenden.
Des Lebens Ruf an uns wird niemals enden ...
Wohlauf denn, Herz, nimm Abschied und gesunde!

Hermann Hesse

Lebenskunst

Im Vorwort zu seinem Buch *De zoon van de Woordbouwer*[34] (deutsch: *Der Sohn des Wortbauers*) schreibt Frank Herzen: »Der Autor möchte seine Geschichte denjenigen Erwachsenen widmen, die sich noch daran erinnern, dass sie auch einmal klein waren. Er glaubt, dass sich viele von diesen Erwachsenen selbst im Alter noch immer auf der Suche befinden werden.« In diesem Jugendbuch wird ein vierzehnjähriger Junge, Kleines Wort genannt, in die Welt hinausgeschickt. Sein Vater, der Wortbauer, übergibt ihm seine Erbschaft in Form eines Kästchens, in dem sich elf silberne Buchstaben befinden, die mit wesentlichen Aspekten seines Lebens zusammenhängen.

»Dies ist deine Aufgabe, mein Sohn. Die Bedeutung dieser elf Buchstaben sollst du selbst entdecken. Jeder Buchstabe bildet den Anfang eines Wortes. Wenn du alle Worte gefunden hast, wirst du ein großer Wortgestalter sein. (...) Du hast eine lange und schwierige Reise vor dir, aber von Zeit zu Zeit wird einer der Buchstaben aufleuchten. Dann wird dir die Bedeutung des entsprechenden Wortes einleuchten. In dieser Weise sollst du fortfahren, bis alle Worte beisammen sind.«

Durch die Erfahrungen auf seiner Reise lernt Kleines Wort die Bedeutung der einzelnen Buchstaben kennen. Jedes Mal, wenn er den Inhalt eines Buchstaben entdeckt, leuchtet dieser Buchstabe in strahlendem Glanz auf.

Nun las Kleines Wort alle Buchstaben aus dem Kästchen hintereinander: LEBENSKUNST, die größte Kunst, die es gibt. Ihm kam in den Sinn, dass LIEBE das allerwichtigste war. Als er sich wieder dem Tisch zuwandte, traute er seinen Augen nicht. Zum zehnten und letzten Male vollzog sich das Wunder. Von dem ersten Buchstaben ging ein sanftes Licht aus. Zehnfach strahlte es zu den anderen Buchstaben hin. Sobald ein Lichtstrahl einen bereits aufgeleuchteten Buchstaben traf, leuchtete dieser wieder auf, so dass schließlich ein prächtiges Flammenspiel zu sehen war.

Kleines Wort hatte das Ziel erreicht. Wenn er zurückkäme nach Morturum, dem Land hinter den Hügeln der Besinnung, würde er die Bedeutung des ersten Buchstabens wissen: Liebe. Dieser Buchstabe gab allen anderen ihr Ansehen und machte das Wort auf dem Tisch sichtbar: LEBENSKUNST.

Das schöne Wort Lebenskunst besteht aus zwei Worten: Leben und Kunst. Leben hängt mit Wachstum, Entwicklung, in Fluss bleiben, Veränderung, mit Verbinden und Loslassen zusammen. In dem Begriff Kunst liegt oft eine Idee, ein Gedanke oder ein Gefühl verborgen, der in Worten oder Klängen ausgedrückt oder mit Hilfe von Farben, Stein, Ton, Holz oder Metall in Gestalt gebracht werden kann. Leider wird das Wort Kunst nur zu oft in Verbindung mit Künstlern gebracht, seien es Maler, Musiker, Bildhauer, Schriftsteller, Dichter oder Komponisten. Dadurch scheint Kunst für die meisten Menschen unerreichbar zu sein. Häufig äußern sich Seminarteilnehmer so: »Kunst ist nichts für mich, ich bin nicht dazu veranlagt.« Gehen wir aber davon aus, dass jeder Mensch mit seinen Möglichkeiten und Unzulänglichkeiten dem eigenen Leben Gestalt gibt, dann ist jeder Mensch ein Künstler. Lebenskunst erüben heißt also: ununterbrochen unterwegs sein und auf dem Weg zur Menschwerdung sein Leben schöpferisch gestalten. Bernard Lievegoed sagt: »Der menschliche Lebenslauf kann als das individuelle Kunstwerk par excellence betrachtet werden.«[35]

Die Beschäftigung mit den Selbstporträts von Rembrandt bringt weitere Aspekte der Lebenskunst ans Licht. Selbstdarstellungen von ihm gibt es auf jeder Altersstufe, wobei sehr schön zu beobachten ist, wie Rembrandts Gesicht im Laufe der Zeit vom Leben selbst modelliert wird. Das zunächst glatte junge Gesicht wird mit zunehmendem Alter von Falten und Furchen durchzogen, und in diesen Veränderungen spiegelt sich deutlich die Zeichnung des Schicksals wider. Immer mehr wird sein Antlitz von einem inneren Licht durchglüht. Vor allem in den letzten Selbstbildnissen vollzieht sich eine auffallende Wandlung: tief durchlebter Schmerz verwandelt sich in leuchtende Milde. Man könnte sagen: Der körperliche Niedergang des Malers geht mit einer tiefen geistigen Entwicklung einher, die sich in seinen Gesichtszügen, in dem sich ändernden Lichteinfall und in der immer schlichter werdenden Kleidung ausdrückt.

Bei der Betrachtung der Selbstporträts gewinnt man den Eindruck eines Menschen, der auf der Suche ist nach dem ureigensten Lebensweg, hin- und hergerissen zwischen den Polaritäten des Lebens, zwischen Sinnlichkeit und geistiger Erhebung, Hang zum Reichtum und Entsagung, Jugend und Alter, tiefer Freude und schmerzhafter Verzweiflung. Sein Lebensgang ist geprägt von fortwährendem Abschiednehmen und Loslassen, aber auch von der Geburt des Neuen.

In der folgenden Wahrnehmungsübung anhand von Rembrandts Selbstporträts können die Qualitäten dieses »Stirb und Werde«, durch das eine menschliche Entwicklung erst möglich wird, eindringlich erlebt werden. Je zwei Seminarteilnehmer bekommen die Reproduktion eines Selbstporträts (ohne Angabe des Malers). Folgende Fragen sollten beantwortet werden:

1. Was nimmst du wahr: Gestalt, Kleidung, Kopfbedeckung, Lichteinfall, Farben, Schmuck usw.?
2. Was ist auf der rechten Seite und was auf der linken zu sehen? Ist es das Porträt eines jungen Menschen, eines Mannes im mittleren Alter oder eines Greises? Was fällt dir an seiner Haltung auf?
3. Welche Charaktereigenschaften drücken sich in den Gesichtszügen aus: energisch, zweifelnd, wach, träumend, fröhlich, ernst usw.? Wie schaut der Mensch auf dem Bild den Betrachter an? Welche Gefühle ruft dieses Porträt in dir wach?
4. Welchen Gesamteindruck macht das Bild? Welchen Titel möchtest du ihm geben?

Die Wahrnehmungsergebnisse jeder Gruppe werden in der großen Runde ausgetauscht. Auf diese Weise werden erstaunlich viele Aspekte des einen Menschen Rembrandt zusammengetragen. Danach werden alle Bilder nebeneinander aufgehängt, so dass nun für alle Anwesenden deutlich wird, dass es Selbstporträts eines einzigen Menschen sind, auf dem Weg von der Jugend zum Greisentum.

Trotz der großen Veränderungen in den Gesichtszügen erkennt man Rembrandt sofort an den Augen. Ein Teilnehmer sagt: »Es ist, als ob der Maler in uns Fragen anregen will und sich auf der Suche nach Selbsterkenntnis gleichzeitig einen Spiegel vorhält.« Bei jedem Porträt versucht er dem Rätsel »Wer bin ich?« näherzukommen. Immer aufs Neue wird auch der Betrachter aufgefordert: »Mensch, erkenne dich selbst!« Es wird den Anwesenden deutlich, dass ein Mensch im Laufe seines Lebens viele Gesichter haben kann. Ein Mensch *ist* nicht, sondern er *wird*.

Nach dieser Wahrnehmungsübung wenden sich die Seminarteilnehmer ihrem eigenen Lebenslauf zu. Würde jemand eine Reihe von Fotos von sich selbst, in verschiedenen Altersstufen aufgenommen, einem anderen Menschen zeigen, so würde dieser daran die vielfältigsten Aspekte wahrnehmen. Das menschliche Innere ist so vielschichtig und reich, dass man nie sagen kann: »Dieser Mensch ist nun einmal so« oder »Ich selbst bin nun einmal so.« Jeder Mensch ist ein Leben lang imstande, sich zu verändern und zu entwickeln.

In den aufeinander folgenden Porträts Rembrandts ist eine deutliche Metamorphose wahrzunehmen: Kummer verwandelt sich in milde Weisheit. Rudolf Steiner drückt es so aus: »Weisheit ist kristallisierter Schmerz.«[36] Diese Selbstdarstellungen lehren uns auch, dass es in der menschlichen Biographie Gewinn und Verlust gibt. Die Jugend geht verloren, aber die Lebenserfahrung, die zur Weisheit werden kann, nimmt zu. Der Preis dafür ist das körperliche Altern. Als Erwachsene können wir die Jugendkräfte des ersten Lebensabschnitts in neue Qualitäten umwandeln: unbefangene Wahrnehmung, Offenheit für neue Entwicklungen, innere Regsamkeit und die Gabe, im Herzen jung zu bleiben.

Auch wird einem durch diese Übung klar, dass man häufig aufgrund einer begrenzten oder flüchtigen Wahrnehmung ein voreiliges Urteil über einen anderen Menschen abgibt. Während des ersten Teiles der Übung ist das Wahrnehmungsfeld der Teilnehmer noch begrenzt, denn sie haben nur ein einziges Porträt, also eine »Momentaufnahme« des Malers vor sich. Die vermeintlichen Charakterzüge, die sie an dem einen Porträt wahrgenommen haben, erscheinen aber erst im richtigen Licht, wenn die ganze Reihe überblickt wird. Auch wird die Wahrnehmung häufig durch Sympathie und Antipathie beeinflusst und getrübt. Erst nach Betrachtung der ganzen Bilderfolge kann das anfängliche Urteil korrigiert und differenziert werden.

Zum Schluss möchte ich noch eine wichtige Erfahrung bei der Wahrnehmung von Rembrandts Selbstporträts schildern: Der Maler stellt sich immer wieder zwischen Licht und Finsternis dar. Meistens fällt das Licht nur auf einen Teil des Gesichts. Erst bei den späten Bildern ist das Antlitz ganz in Licht getaucht. Rembrandt setzt das Dunkel ein, um das Licht sichtbar zu machen. Vor die gleiche Aufgabe sieht sich jeder Mensch bei der Gestaltung seines Lebenskunstwerkes, nämlich der eigenen Biographie zwischen Jugend und Alter, Geburt und Tod gestellt.

Das, was Rembrandt in seiner Malerei ausdrückt, versucht Ursula Burkhard[37] in Worten zu gestalten: »Das Dunkle annehmen und tragen kannst du nur, wenn du immer wieder auf das Licht schaust. Vergiss das nie. Im Licht sind die Verwandlungskräfte.« Metamorphosen, wie wir sie in den Selbstporträts wahrnehmen, macht jeder Mensch in seinem Leben durch: Lebenserfahrungen führen zu neuen Einsichten, Rückschläge und Schmerz verwandeln sich in Weisheit und Milde; negative Erfahrungen werden in positive Fähigkeiten umgestaltet.

Bei Zusammenkünften mit älteren Menschen erzähle ich gelegentlich das Grimmsche Märchen *Der Teufel mit den drei gol-*

denen Haaren. Das Glückskind bekommt den Auftrag, drei goldene Haare des Teufels aus der Hölle zu holen. Auf diese Erzählung hin kommt oft Erstaunliches zutage. Teilnehmer berichten mit bewegenden Worten von Lebensphasen, die für sie wie ein Gang durch die Hölle waren und von denen sie »goldene Haare« mitbrachten, Gold, das sie der Hölle abgerungen haben.

Treten Veränderungen in unserem Leben auf, sollten wir uns nicht an dem Bisherigen festklammern und uns nur immerzu ausmalen, wie es hätte anders laufen können, sondern wir sollten vielmehr zukunftsorientiert auf die Suche nach neuen Möglichkeiten gehen. Der eine Mensch sagt beim Anblick einer zur Hälfte gefüllten Flasche, dass sie halb leer sei, während ein anderer von einer halb vollen Flasche spricht. Ebenso kann man sagen: Ein Pessimist sieht in allen Möglichkeiten Schwierigkeiten und ein Optimist in allen Schwierigkeiten Möglichkeiten.

Im Rückblick auf die eigene Vergangenheit kann man sich fragen: Was hindert mich daran, Altes endgültig loszulassen? Wofür bin ich dankbar? Den Blick auf die Zukunft gerichtet, kann man sich fragen: Worauf freue ich mich und was begeistert mich? Wovor fürchte ich mich? Was hindert mich daran, mich auf Neues einzulassen? Indem wir uns vom Gewordenen lossagen, schaffen wir die Voraussetzung für Zukünftiges. Die alten Chinesen sprechen in dieser Hinsicht von einer Phase der »fruchtbaren Leere«. Solange unsere Hand Altes krampfhaft umschließt, kann sie nichts Neues in Empfang nehmen. Nur die sich öffnende Seele kann weitere Inhalte aufnehmen. Solch einen Loslösungsprozess erlebt der Mensch ganz intensiv, wenn er von jemandem oder etwas Abschied nehmen muss, mit dem er tief verbunden war, z.B. wenn ein naher Mensch stirbt, eine Beziehung zu Ende geht, er seine Arbeitsstelle verliert, in Rente geht, wenn er krank oder behindert wird. In einer solchen Situation ist es wichtig, seine noch verbliebenen Möglichkeiten neu zu überdenken.

Im *Midrasch*[38] ist eine jüdische Weisheit zu lesen: »Der Mensch tritt in die Welt mit geschlossenen Händen, als wollte er andeuten: ›Die ganze Welt gehört mir, ich will sie in Besitz nehmen!‹ Wenn er aber aus der Welt scheidet, sind seine Hände ausgestreckt, als wollte er sagen: ›Ich habe in der Welt nichts erworben (was ich ins Grab mitnehmen könnte).‹«

Die Faust, in Zorn, Verzweiflung, Schmerz oder Auflehnung geballt, sollte sich allmählich wieder öffnen. Leere Hände und das Gefühl, nichts mehr festzuhalten, ermöglichen es uns, Neues aufzugreifen und dieses zum zukünftigen Lebensinhalt zu machen. Die sich schließende und öffnende Hand ist ein Sinnbild für den sich immer wiederholenden Lebenskreislauf: verbinden und festhalten, erneut loslassen, um sich dann wieder mit anderem zu verbinden.

Wer bereits während seines aktiven Lebens die Kunst des Loslassens erübt hat, dem wird es im Alter auch gelingen, Vergangenes aufzugeben, statt krampfhaft an alten Aufgaben festzuhalten, als ob nur diese dem Leben Sinn geben würden. Statt »Was *ist* der Sinn meines heutigen Lebens?« sollte man besser fragen: »Wie *gebe* ich aufs Neue meinem Leben Sinn und Inhalt?« In uns befindet sich ein Kern, der weder jung noch alt ist und der dem körperlichen Alterungsprozess nicht unterliegt: der göttliche Funken im Menschen oder, anders ausgedrückt, das Kind oder der Künstler in uns.

Man hat das Leben gelegentlich in einem Bogen der ansteigenden und wieder abnehmenden Lebenskräfte dargestellt[39] und damit die physische Seite der Entwicklung betont: Etwa bis zum zwanzigsten Lebensjahr verläuft die Lebenslinie ansteigend. Im physischen Körper ist der Aufbau stärker als der Abbau. Vom zwanzigsten bis zum vierzigsten Lebensjahr verläuft die Linie nahezu horizontal, Auf- und Abbau sind im Gleichgewicht. Nach vierzig führt die Entwicklungslinie abwärts, die Abbaukräfte werden allmählich größer als die Aufbaukräfte.

Diese abwärtsgehende physische Linie ist nun zu ergänzen durch eine neue aufwärtsgehende Bewegung, die von der Lebensmitte ausgeht. So entsteht ein anderes Bild: Der Niedergang des physischen Körpers wird begleitet von einer seelisch-geistigen Entwicklung, deren Früchte wir im Alter ernten und

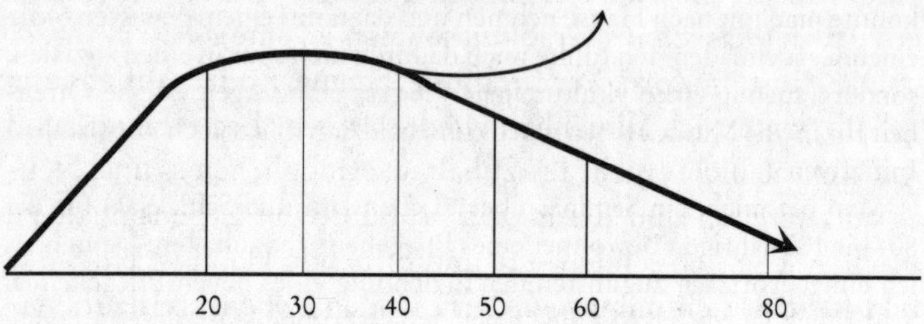

verschenken können. Diese aufsteigende psychisch-geistige Bewegung gibt der Lebensphase des Alters eine fruchtbare Perspektive. Setzen wir sie in Gedanken fort bis über die Grenze des Todes hinaus, dann können wir sagen, dass wir nach dem Tod unsere Lebensernte in ein neues geistiges Dasein hinübertragen, das Zukunftsqualität für eine weitere Entwicklung in sich birgt.

Abschließend der Bericht eines Zweiundsiebzigjährigen:[40]

(...) Nach Beendigung meiner beruflichen Karriere und der Übertragung von Aufgaben und Verantwortlichkeiten an andere entstand ein Freiraum und gar nicht so sehr eine Leere, wie man oft hört. Ich ging auf die Suche nach neuen Aufgaben und das heißt auch nach mir selbst. (...) Natürlich wollte ich hierbei meine Fähigkeiten und mein Fachwissen einbringen. Ich musste aber feststellen, dass dieses schnell veraltet. Manche Menschen fanden meine Auffassungen überholt und bezweifelten, dass ich noch fähig wäre, die neuen Entwicklungen auf meinem Fachgebiet zu verfolgen. Auch mein Arbeitstempo war inzwischen langsamer geworden. Die Entwicklung von neuen Fähigkeiten war also gefragt. (...)

Ich wohne in einem betreuten Haus, das älteren Menschen die Selbständigkeit ermöglicht. Als ich Witwer wurde, stand ich vor der Wahl, entweder die warmen Mahlzeiten in der Gemeinschaftsküche zu holen oder kochen zu lernen. Ich entschloss mich für Letzteres und belegte einen Kochkurs für ältere Männer. Das war lehrreich, aber vor allem unglaublich gemütlich. Die selbst gekochte Mahlzeit für zwei Personen konnte man mit nach Hause nehmen und dazu mit einem gewissen Stolz einen Gast einladen. Ich fühlte mich dadurch nicht nur in einen sozialen, sondern auch in einen »kulturellen« Prozess einbezogen. Meine Offenheit für meine Mitmenschen wuchs und bald ergriff ich auch noch andere Initiativen. (...)

Man bat mich, ein Seminar über »Lebenslauf und Schicksal« für die 80- bis 100-jährigen Bewohner eines Pflegeheims abzuhalten. Dann hielt ich einige Vorträge zugunsten der Errichtung eines neuen Pflegeheims. Schließlich wurde ich Mitglied einer Arbeitsgruppe »Der älterwerdende Mensch«, in der sich Sozialarbeiter, Geistliche, Psychologen und Psychotherapeuten treffen.

Ich machte hierbei eine überraschende Entdeckung. An mich werden jetzt im Alter Fragen gerichtet, wie ich sie nie während meines Berufslebens hätte beantworten können oder wollen. Die Fragen stellt man mir im Vertrauen darauf, dass der alte Mensch bereit ist, seine zur Weisheit gereifte Lebenserfahrung mit anderen zu teilen. Mit zunehmendem Alter gewinne ich neues Interesse für meine Mitmenschen. Ich übe hierbei mit allen mir zur Verfügung stehenden Sinnen, richtig wahrzunehmen. Die äußeren Wahrnehmungsbilder müssen zu inneren Bildern umgestaltet werden. Dann erst bin ich imstande, die Gebärdensprache und letztendlich die Seelensprache meiner Mitmenschen zu vernehmen und zu verstehen.

Lebenskunst

Lebenskunst
An dem Lebenshaus bauen, ständig verändern, umgestalten, neu überdenken, von Erfahrungen lernen, den negativen Seiten des Alterns innerlich positiv entgegentreten.

Kreativität, um körperlich und geistig in Bewegung zu bleiben; Sinne anregen, so dass diese ›Tore zur Welt‹ auch im Alter offen bleiben.

Geduld, Toleranz, Humor, Fähigkeit zu relativieren, in allem das Positive sehen verhindert Bitterkeit und Verhärtung. Übung: Jeden Abend eine erfreuliche Erfahrung des vergangenen Tages notieren.

Denken rege halten, sich nicht nur mit bekannten und vertrauten Gedanken beschäftigen, sondern auch für neue Auffassungen und Ideen aufgeschlossen sein.

Handwerkliche Tätigkeiten und Musizieren stimulieren die Feinmotorik und den Tastsinn.

Das Wort als wichtiger Baustein zur Gestaltung der Lebenskunst. Sprachgefühl verfeinern durch Gespräche, Sprachstudium, lesen, erzählen oder den Enkelkindern Geschichten und Märchen vorlesen.

Richtiges Zuhören erüben führt zu Seelenfrieden.

Interesse für den Mitmenschen und die Welt entwickeln, schützt vor Isolierung und erhält geistige Lebendigkeit.

Verlust der äußeren Mobilität wird durch **innere Beweglichkeit** ausgeglichen; **innere Freiheit** wird so bewahrt.

Körperliche Bewegung ist wichtig, aber wer nur noch ängstlich seine abnehmende Leistungsfähigkeit beobachtet, bekommt ein negatives Lebensgefühl.

»Man sollte (...) alle Tage wenigstens ein kleines Lied hören, ein gutes Gedicht lesen, ein treffliches Gemälde sehen und, wenn es möglich zu machen wäre, einige vernünftige Worte sprechen.« (Goethe)

Wahrnehmung schulen durch Offenheit für seine Umgebung; neue Dinge entdecken und sie mit Staunen betrachten, sich Zeit nehmen, sich über die Natur freuen und sich mit ihr verbunden fühlen.

Entschließung für mein Alter

Keine junge Frau heiraten.
Keine jungen Gefährten an mich fesseln, wenn sie es nicht wirklich wünschen.
Nicht launisch, mürrisch oder misstrauisch werden.
Nicht die jeweilige Lebensweise, Denkart, Mode oder den Soldatenstand geringschätzen.
Nicht zu kinderfreundlich werden oder mir die Kinder zu nahe kommen lassen.
Nicht immer die gleiche Geschichte den gleichen Leuten erzählen.
Nicht habgierig werden.
Schicklichkeit und Sauberkeit nicht vernachlässigen, aus Furcht, abstoßend zu wirken.
Mit jungen Menschen nicht überstreng sein, sondern für ihre jugendlichen Torheiten und Schwächen Verständnis zeigen.
Nicht freigebig mit gutem Rat sein und niemanden damit belästigen; es sei denn, man wünsche ihn.
Einige gute Freunde bitten, mich ins Bild zu setzen, welche von diesen Vorsätzen ich breche oder vernachlässige, und mir zu sagen, in welcher Weise ich dagegen verstoße; und mich demgemäß bessern.
Nicht viel reden, erst recht nicht von mir selbst.
Nicht mit meinem früheren guten Aussehen, meiner Kraft oder meinen Erfolgen bei Damen usw. prahlen.
Weder auf Schmeicheleien hören noch mir einbilden, ich könne von einer jungen Frau geliebt werden.
Nicht rechthaberisch und starrköpfig sein.
Nicht aufhören, allen diesen Regeln nachzuleben, aus der Befürchtung, es könnte mir unmöglich werden, sie zu befolgen.

Jonathan Swift

Keime für die Zukunft

Während der ganzen Seminarwoche liegt inmitten des Raumes, in dem wir unsere Gesprächsrunde halten, neben einer Vase mit frischen Sonnenblumen eine große verblühte Sonnenblume. Die Samen sind in schönen Spiralen angeordnet. Im vergangenen Frühling hatte ich einen Sonnenblumenkern in die Erde gesteckt. Dieser eine Samen hat hunderte von neuen Samen hervorgebracht. Als Abschluss der Tagung, in der wir uns mit den Veränderungen beschäftigt haben, die der Ruhestand mit sich bringt, bekommt jeder Teilnehmer einige Kerne von der großen Sonnenblume. Man kann sie aussäen und dann durch Beobachtung des Wachstumsprozesses versuchen zu erahnen, was die Pflanze uns über *unsere* Entwicklung vermitteln kann. Die unscheinbaren Samen stellen nämlich ein Bild für die große Kraft dar, die in etwas Kleinem verborgen sein kann. Dieses Sinnbild stärkt unser Vertrauen in die Zukunft: Auch Keime, die beim Eintritt in das dritte Lebensalter nur ansatzweise in uns vorhanden sind, können wir zur Entwicklung bringen, so dass sie bis ins hohe Alter noch blühen und Früchte tragen.

Vor einigen Jahren im Frühjahr gab ich einer Gruppe älterer Menschen Sonnenblumenkerne mit nach Hause. Im Herbst schickte mir ein Teilnehmer ein Päckchen mit Sonnenblumenkernen. In dem Begleitschreiben hieß es: »Die Sonnenblumenkerne, die du mir am Ende der Tagung geschenkt hast, habe ich in meinem Garten ausgesät. Das Ergebnis war wunderschön. Jetzt schicke ich dir Samen dieser Blumen, damit du sie wiederum anderen Menschen weitergeben kannst.« Andere Menschen schickten Fotos von den Sonnenblumen, die aus den empfangenen Samen hervorgegangen waren. Seit Jahren geht es nun so weiter. Auch die vertrocknete Sonnenblume, die inmitten des Kreises liegt, stammt von diesen ursprünglichen Samen. Jemand schrieb mir: »Die Sonnenblumenpflanze wurde groß und trug viele Früchte, ihre Keimkraft ist ungebrochen.«

So sind die Sonnenblumenkerne ein Bild für eine neue fruchtbare Lebensphase und ein erfülltes Alter. In der Geste der immer neu weitergegebenen Samen offenbart sich das Leitmotiv dieses Lebensabschnittes: Indem wir unsere Lebensernte mit anderen Menschen teilen, sie verschenken und uns austauschen, wird der letzte Lebensabschnitt noch viele reife Früchte hervorbringen. Jedes Jahr erinnern uns die wachsenden und blühenden Sonnenblumen daran, dass der Mensch einen Entwicklungsweg beschreitet, der bis zuletzt produktiv und sinnerfüllt sein kann. Die volle Reife trägt Keime eines Neubeginns in sich.

Anmerkungen

1 Einige Abschnitte dieses Buches sind einer Publikation entnommen, an der der Autor beteiligt war: *Een nieuwe toekomst, pensioen in zicht.* Herausgegeben von *Driekant, Opleiding en Advies, afdeling Ouderen-educatie en levensloop.*

2 Eduardo Galeano: *Tage und Nächte von Liebe und Krieg.* Wuppertal 1992.

3 Das Kunstwerk von Arie Berkulin steht in Eindhoven an der Karel de Grotelaan.

4 Die Idee zu dieser Übung stammt von Wim de Baas und Teun van den Bosch.

5 Khalil Gibran: *Der Prophet.* Solothurn und Düsseldorf [30]1995.

6 Margreet Donders-Onland arbeitet als Seminarleiterin an der Ausbildungsstätte *Driekant.*

7 Bertolt Brecht: *Die unwürdige Greisin und andere Geschichten.* Frankfurt Main 1990. Abdruck mit freundlicher Genehmigung des Suhrkamp Verlages.

8 L. N. Tolstoi: *Volkserzählungen. Jugenderinnerungen.* Stuttgart 1976.

9 Die Betrachtungen über Arbeit sind den Einführungen von Bert Moonen und Cees van Bavel entnommen.

10 In den Niederlanden *Gilde van ouderen.* Information: Stichting GILDE Nederland, Hartenstraat 18, 1016 CB Amsterdam.

11 Zitiert nach Bernard Lievegoed: *Lebenskrisen – Lebenschancen. Die Entwicklung des Menschen zwischen Kindheit und Alter.* München [7]1988.

12 Simone de Beauvoir: *Das Alter.* Reinbek bei Hamburg 1972.

13 *Jorga der Tapfere,* Rumänische Märchen. Stuttgart [3]1991.

14 Zitiert nach Norbert Glas: *Lichtvolles Alter.* Stuttgart 1986.

15 *Trouw,* 5.5.1992.

16 Elisabeth Kübler-Ross: *Reif werden zum Tode.* Gütersloh 1995.

17 Floris Reitsma: *De zin van het oud worden. Mededelingen van de Anthroposofische Vereniging in Nederland,* November 1992. Siehe auch Rudolf Steiner: *Die Wissenschaft vom Werden des Menschen.*

9. Vortrag. Dornach 1967, GA 183, und Arie Boogert: *Wir und unsere Toten. Rudolf Steiner über den Umgang mit Tod und Sterben.* Stuttgart ^{2}1995.

18 Zitiert nach Almuth Bockemühl: *Zeit des Sterbens.* Stuttgart 1991.

19 Nach einem Interview mit Monika van Paemel: *Trouw*, 6.5.1993.

20 Friedel Lenz: *Iwan-Johannes.* Stuttgart 1973.

21 Seumas MacManus: *Die Königin der Kesselflicker.* Freiburg im Breisgau 1965.

22 Rudolf Meyer: *Die Weisheit der deutschen Volksmärchen.* Stuttgart ^{8}1981.

23 Toon Hermans: *Verhalen uit mijn leven.* Baarn ^{2}1992.

24 Godfried Bomans: *Groot sprookjes– en verhalenboek.* Amsterdam 1985.

25 Interview mit Eugen Bavcar, *Volkskrant,* 9.11.1989.

26 Antoine de Saint-Exupéry: *Der kleine Prinz.* Düsseldorf 1950.

27 Zitiert nach Rudolf Kaiser: *Die Erde ist uns heilig.* Freiburg im Breisgau 1992.

28 Seattle: *Wir sind ein Teil der Erde.* Solothurn und Düsseldorf ^{24}1993.

29 Zahlreiche Anregungen bei Thomas Berger: *Herbstschmuck. Anregungen zum Basteln und Schmücken.* Stuttgart 1992, oder Freya Jaffke: *Feste im Kindergarten und Elternhaus. Teil 1. Advent, Weihnachten, Dreikönige, Fasching.* Stuttgart ^{3}1997. *Teil 2. Ostern, Pfingsten, Johanni, Michaeli, Laternenfest, Geburtstag.* Stuttgart ^{2}1996.

30 Herman van Veen in einem Interview in *Hervormd Nederland,* 16.11.1991.

31 Michael Ende: *Momo.* Stuttgart 1973.

32 Dag Hammarskjöld: *Zeichen am Weg.* München/Zürich 1965.

33 Die Berichte sind der Tagespresse und einer Buchveröffentlichung entnommen: S. Snieder-de Liver: *Werken voor leeftijdgenoten,* in Abel J. Herzberg, R.C. Kwant e..a: *Hoezo te oud?* Amersfoort 1984.

34 Frank Herzen, *De zoon van de Woordbouwer.* Zeist 1990.

35 B. Lievegoed, a.a.O. Anm. 11.

36 Zitiert nach Bernard Lievegoed: *Durch das Nadelöhr. Ein Leben mit der Anthroposophie.* Stuttgart 1992.

37 Ursula Burkhard: *Karlik. Begegnungen mit einem Elementarwesen.* Weisenseifen ^{3}1987.

38 *Es sprachen unsere Väter.* Lebensweisheiten des Judentums aus Talmud und Midrasch, zusammengestellt von Israel Zwi Kanner. Freiburg im Breisgau 1983.

39 Siehe auch B. Lievegoed: *Lebenskrisen – Lebenschancen,* dem die Grafik entnommen ist.

40 In der Zeitschrift *Jonas* vom 17.12.1993.

Weitere Literatur

Adam Bittleston: *Einsamkeit*. Stuttgart ²1990

Michael Brater/Günter Kaul: *Altenpflege*. Stuttgart 1987

Gudrun Burkhard: *Das Leben in die Hand nehmen. Arbeit an der eigenen Biographie.* Stuttgart ⁶1997

Manfred van Doorn: *Universal Man. Urmotive der menschlichen Biographie*. Stuttgart 1998

Volker Fintelmann: Alterssprechstunde. Stuttgart 1991

–, *Alter und Alterskrankheiten. Von der Kunst alt zu werden.* Stuttgart 1988

Sylvia Kade: *Altersbildung, Lebenssituation und Lernbedarf*. Frankfurt/M. 1994

Bernard Lievegoed: *Der Mensch an der Schwelle. Biographische Krisen und Entwicklungsmöglichkeiten*. Stuttgart ⁴1994

George und Gisela O'Neill: *Der Lebenslauf. Lesen in der eigenen Biographie.* Stuttgart ²1995

Klaus Raschen: *Der Mensch im Alter.* Stuttgart 1989

Udo Renzenbrink: *Ernährung in der zweiten Lebenshälfte.* Stuttgart ⁴1992

Dorothee Sölle: *Phantasie und Gehorsam*. Stuttgart und Berlin ¹¹1986

Rudolf Steiner: *Vom Alt-Werden. Studienmaterial aus dem Gesamtwerk.* Dornach ²1997

–, *Vom Lebenslauf des Menschen. Themen aus dem Gesamtwerk* Bd.4. Stuttgart ⁵1996

Bert Voorhoeve: *Bilder als Quelle innerer Kraft. Phantasietraining durch Bildarbeit*. Stuttgart 1995

Matthias Wais: *Biographiearbeit und Lebensberatung. Krisen und Entwicklungschancen des Erwachsenen.* Stuttgart ²1993

Claus von Wendorff: *Über die Vision des Alterns. Eine Gerontosophie.* Schaffhausen 1992

Adressen

Die Zahl der gemeinnützigen Vereine, Arbeitsgemeinschaften und Organisationen, die Hilfe- und Serviceleistungen für Senioren anbieten, ist kaum überschaubar. Wir können hier nur die Adressen einiger überregional tätiger Institutionen aufführen. Es empfiehlt sich, die örtlichen Gruppen entsprechender Institutionen (z.B. »Graue Panther«, Senioren-Club,

Arbeiterwohlfahrt, Rotes Kreuz, Malteser-Hilfsdienst, Diakonisches Werk, Caritas), aber auch die Kommunalverwaltungen (Sozialamt, Bürgermeisteramt) anzusprechen. Überregional tätige Einrichtungen:

Bundesarbeitsgemeinschaft der Seniorenorganisationen (BAGSO)
Stockenstr. 14
53113 Bonn
Tel. 0228/63 53 91

Bundesseniorenvertretung
Schwedenstr. 2
65239 Hockenheim

Zwischen Arbeit und Ruhestand ZWAR e.V.
Steinhammer Str. 3
44379 Dortmund

Deutscher Senioren-Ring
Oberrather Str. 10
40472 Düsseldorf

Ev. Arbeitsgemeinschaft für Altenarbeit
Herrenhäuserstr. 12
30419 Hannover

Jahresringe. Verband für Vorruhestand und aktives Alter
Parkstr. 23
13086 Berlin

Deutscher Paritätischer Wohlfahrtsverband DPWV
Heinrich-Hoffmann-Str. 3
60528 Frankfurt/M.

Pro Senectute Schweiz
Lavaterstr. 60
CH 8027 Zürich

Pro Senectute Österreich
Gentzgasse 9
A 1180 Wien